M1 Judenhass im Neuen Testament?

Der abendländische Judenhass wurzelt im religiös motivierten Antijudaismus der frühen Kirche. Das Neue Testament leugnet zwar nicht die jüdische Identität des Jesus von Nazaret, diese tritt aber mehr und mehr hinter die universal verstandene Heilsfunktion Jesu als „Messias“ und „Sohn Gottes“ zurück.

Die Abfassungszeit der Evangelien (zwischen 70 und 100 n. Chr.) war geprägt von der wachsenden Entfremdung von Juden und Christen, ein für beide Seiten schmerzlicher Prozess. Die Zerstörung Jerusalems und seines Tempels durch die Römer im Jahr 70 war für das antike Judentum eine Katastrophe. Von allen Religionsparteien überlebten allein die Pharisäer. Sie begründeten das rabbinische Judentum, das die Einheit von Volk und Religion sicherstellte. Die aus der jüdischen Mutterreligion kommenden Jesus-Anhänger wurden von den Orthodoxen als abtrünnig, ketzerisch und damit gefährlich eingeschätzt. Und so verbannte man die Juden, die – zusammen mit den hinzugekommenen „Heidenchristen“ – Jesus als den Messias (Christus) verehrten, aus der Gemeinde. Vor allem das Johannesevangelium thematisiert diesen „Synagogenausschluss“, indem es den Konflikt in die Zeit Jesu zurückprojiziert. Seine antijudaistischen Passagen spiegeln so einen gleichsam „innerjüdischen Familienstreit“ wider.

„Juden“ werden nun pauschal zu Gegnern Jesu, die angeblich auch für dessen Kreuzestod verantwortlich sind. Demgegenüber wird die Schuld der Römer (Pilatus) deutlich relativiert.

Die neutestamentliche Polemik gegen das Judentum hatte verheerende Folgen für die jüdisch-christliche Geschichte. Die Kirche sah sich als das neue, das „wahre“ Israel. Die Glaubensbrüder und -schwestern Jesu aber betrachtete man als „Teufelskinder“ und „Gottesmörder“!

Autorentext

M2 Antijudaismus in den Evangelien

Mt 27,24–26: Als Pilatus sah, dass er nichts erreichte, sondern dass der Tumult immer größer wurde, ließ er Wasser bringen, wusch sich vor allen Leuten die Hände und sagte: Ich bin unschuldig am Blut dieses Menschen. Das ist eure Sache! Da rief das ganze Volk: Sein Blut – über uns und unsere Kinder! Darauf ließ er Barabbas frei, Jesus aber ließ er geißeln und lieferte ihn aus zur Kreuzigung.

Joh 8,42–44: Jesus sagte zu ihnen (den Juden): Wenn Gott euer Vater wäre, würdet ihr mich lieben; denn von Gott bin ich ausgegangen und gekommen. Ich bin nicht von mir aus gekommen, sondern er hat mich gesandt. Warum versteht ihr nicht, was ich sage? Weil ihr nicht imstande seid, mein Wort zu hören. Ihr habt den Teufel zum Vater und ihr wollt das tun, wonach es eurem Vater verlangt. Er war ein Mörder von Anfang an.

M3 Judenfeindliche Kirchenväter

Origenes (185–253/4): Wir können [...] voller Gewissheit die Aussage wagen, dass die Juden ihre ehemalige Stellung nicht wiedergewinnen werden; denn sie haben das abscheulichste Verbrechen begangen, indem sie jene Verschwörung gegen den Retter des ganzen Menschengeschlechts anzettelten [...]. Deshalb war es notwendig, dass die Stadt, in der Jesus so litt, von Grund auf zerstört wurde, dass das jüdische Volk aus seiner Heimat vertrieben wurde und dass andere durch Gott zu dieser glückseligen Erwählung berufen wurden.

Gregor von Nyssa (um 335/40–nach 394): Sie sind Mörder des Herrn, Totschläger der Propheten, hasserfüllte Rebellen gegen Gott; sie treten das Gesetz mit Füßen, leisten der Gnade Widerstand und verschmähen den Glauben ihrer Väter. Sie sind Statisten des Teufels, eine Rasse von Schlangen, Verräter, in ihrem Gehirn verdunkelte Verleumder, pharisäischer Sauerteig, eine Versammlung von Dämonen, verflucht, verabscheuungswürdig, Feinde von allem, was schön ist.

Aus: Pollatschek, Iris/Schmidt, Wolf-Rüdiger (Hg.): Der brennende Dornbusch. Glanz und Elend der Juden in Europa. Gütersloh 2004, S. 145–146

1. Beschreibe die antijüdischen Aussagen der Evangelien und der Kirchenväter.
2. Ordne sie in den Kontext ihrer Entstehungszeit ein.

M4 Kreuzzugspogrome im Rheinland

Die Kreuzzugspropaganda entfachte im Frühjahr 1096 einen Sturm fanatisierter Christen auf die blühenden jüdischen Gemeinden im Heiligen Römischen Reich. Mit einem Schlag beendeten die Massaker (ca. 5000 Tote) das weitgehend friedliche Nebeneinander von Juden und Christen. Der Mainzer Chronist Elieser bar-Nathan (um 1100–1150) schildert den Pogrom in Worms:

Es war im Jahr 4856 (1096) [...], da trafen uns viele und schwere Leiden, die in diesem Reich, seitdem es gegründet wurde, bis jetzt noch nicht vorgekommen waren. [...] Denn es erhoben sich freche Gesichter, eine grimmige, ungestüme Schar von Franzosen und Deutschen, [...] die sich vorgenommen hatten, nach der heiligen Stadt (Jerusalem) zu ziehen, um dort das Grab ihres Heilands aufzusuchen, die Ismaeliten* von dort auszutreiben und sich des Landes zu bemächtigen. [...] Als sie nun auf ihrem Zug durch die Städte kamen, in denen Juden wohnten, sprachen sie in ihrem Herzen: „Seht, wir ziehen dahin, um unseren Heiland aufzusuchen und Rache für ihn an den Ismaeliten zu üben. Und hier sind Juden, die ihn umgebracht und gekreuzigt haben! So lasst uns zuerst an ihnen Rache nehmen und sie austilgen unter den Völkern, dass der Name Israel nicht mehr erwähnt werde; oder sie sollen unseresgleichen werden und zu unserem Glauben sich bekennen." [...]

Am 23. Tage in Ijar (18. Mai) überfielen die Wölfe der Wüste die Gemeinde Worms. Einige dieser Gemeinde waren in den Häusern geblieben, einige hielten sich in den Gemächern des Bischofs auf. Da erhoben sich die Feinde [...] gegen die Juden, die in ihren Häusern waren, trieben sie heraus und brachten sie um. Männer, Frauen und Kinder, Jünglinge und Greise; sie rissen die Häuser nieder [...], machten Beute und plünderten. Sie nahmen die heilige Tora, traten sie in den Straßenkot, zerrissen und schändeten sie. [...] Die Märtyrer heiligten vor aller Augen den göttlichen Namen (Kiddusch ha-Schem), sie boten ihren Hals dar, um ihn für den Namen ihres Schöpfers abschneiden zu lassen, Ja, sie schlachteten sich selbst, der eine seinen Nächsten, der andere seinen Verwandten, seine Frau und seine Kinder, auch Bräutigame und Bräute, zärtliche Frauen schlachteten ihre Lieblinge. Alle [...] übergaben ihre Seele ihrem Schöpfer, indem sie alle riefen: „Höre Israel, der Ewige ist unser Gott, der Ewige ist einzig!" Nach sieben Tagen [...] wurden auch diejenigen, die sich im bischöflichen Palast befanden, aufgeschreckt. Die Feinde verfuhren mit ihnen, wie sie mit den früheren verfahren hatten, misshandelten sie und übergaben sie dem Schwerte. [...] Die Feinde zogen sie nackt aus und schleiften und warfen sie umher. [...] An 800 betrug die Zahl der an jenen beiden Tagen um der Heiligung des Namens willen Umgekommenen.

Aus: Wolffsohn, Michael/Puschner, Uwe: Geschichte der Juden in Deutschland. Quellen und Kontroversen. Ein Arbeitsbuch für die Oberstufe des Gymnasiums. München 1992, S. 36–37

* Nachfahren Ismaels, des biblischen Stammvaters der Araber

1. Erläutere, warum das Jahr 1096 einen Wendepunkt in der Beziehung zwischen Juden und Christen darstellt.
2. Diskutiere das Phänomen des „Kiddusch ha-Schem".

M5 Pestpogrome gegen die angeblichen „Brunnenvergifter"

Von 1348 bis 1352 raffte der „Schwarze Tod" jeden dritten Europäer hinweg. Angeblich seien die Juden verantwortlich für den Ausbruch der Pest. Rund 300 jüdische Gemeinden wurden vernichtet. Es war die blutigste Verfolgung der Juden bis zur Shoa, dem nationalsozialistischen Völkermord im Zweiten Weltkrieg. Der Regensburger Domherr und Gelehrte Konrad von Megenberg (1309–1374) beschreibt die Situation in seinem Werk „Das Buch der Natur", um 1350

Man fand in zahlreichen Brunnen mit Gift gefüllte Säckchen; deshalb wurde eine nicht festzustellende Zahl von Juden im Rheinland, in Franken und in allen deutschen Ländern ermordet. Dabei weiß ich wahrhaftig nicht, ob dies einige Juden überhaupt getan haben. Wäre dies so gewesen, so hätte dies gewiss das Unheil verschlimmert. Andererseits weiß ich aber sehr wohl, dass keine andere Stadt mehr Juden zählte als Wien; dort waren aber unter den Juden die der Seuche erliegenden Opfer so zahlreich, dass sie ihren Friedhof in großem Umfang erweitern und zwei Grundstücke kaufen mussten. Sie wären also recht dumm gewesen, sich selbst zu vergiften.

Aus: Borchardt, Wolfgang/Möldner, Reinhardt: Jüdisches Leben in christlicher Umwelt. Ein historischer Längsschnitt. Themen und Probleme der Geschichte. Frankfurt/M. 1991, S. 55

1. Beschreibe die Position, die der Chronist gegenüber den Juden einnimmt.
2. Nur wenige jüdische Gemeinden blieben verschont, so etwa in Regensburg. Informiere dich im Internet, warum die Juden hier überleben konnten.

Antisemitismus – ein brennendes Thema

Die Juden sind an allem schuld, meinte einer. Und die Radfahrer, sagte ich. Wieso denn die Radfahrer? Wieso die Juden?, fragte ich zurück.

Dieser Dialog, den schon Kurt Tucholsky kolportierte, beschreibt noch immer eine bittere Realität. Die Zahlen sind alarmierend. 2020 registrierten die deutschen Behörden rund 2500 antisemitische Straftaten. Tendenz: weiter steigend. Der mörderische Anschlag auf die Synagoge von Halle mit zwei Toten im Herbst 2019 war das blutigste Verbrechen.

Der Antisemitismus ist zurück. Aber war er jemals verschwunden? Ist das „Gerücht über die Juden" (Adorno) nicht vielmehr eine kulturelle Konstante? Der Publizist Henryk M. Broder jedenfalls reiht den Antisemitismus sarkastisch in die Liste des „Weltkulturerbes" ein.

Der Judenhass ist alt und aktuell zugleich. Mal tritt er offen zutage, manchmal kommt er versteckt daher. Analysiert man die judenfeindlichen Ressentiments, so zeigen sich doch die immer gleichen Stereotype: Der Jude ist geldgierig, treulos, amoralisch, heimtückisch, machtbesessen. Der vielbeschworene „neue Antisemitismus" ist bei näherem Hinsehen meist nicht mehr als „alter Wein in neuen Schläuchen". Doch die Klischees verfangen noch immer – auch Jahrzehnte nach dem millionenfachen Mord an den europäischen Juden in der Shoa. Und das geschieht generationsübergreifend. Auch deshalb ist die Aufklärung über und die Bekämpfung des Antisemitismus eine elementare Aufgabe in der Bildungsarbeit.

Die Themenfelder und ihre Umsetzung im Unterricht

In zehn Kapiteln stellt das Heft repräsentative Zeugnisse zur Geschichte und Gegenwart der Judenfeindlichkeit vor. Dabei werden die wichtigsten Spielarten des Antisemitismus berücksichtigt. In der abendländischen Tradition begründet der religiös motivierte Judenhass der Christen die Blutspur, die sich bis heute durch den Kontinent zieht. Dieser Antijudaismus hat seine Wurzeln bereits in den oft missverstandenen Texten des Neuen Testaments. Als vermeintliche „Christusmörder" weist man den Juden im Mittelalter die Funktion des Sündenbocks zu, wenn Naturkatastrophen, Seuchen oder Kriege die christliche Welt erschüttern. Besonders nachhaltig wirkt die Lüge vom „Ritualmord", den Juden angeblich an unschuldigen Knaben verüben. Die Reformation bringt keine Wende im Verhältnis von Christen und Juden. Im Gegenteil: Die abstoßenden Hasspredigten des alten Luther wirken lange nach. Noch im „Dritten Reich" motiviert die Judenfeindschaft des Reformators antisemitisch eingestellte Protestanten zum Schulterschluss mit den Nationalsozialisten.

Im 19. Jahrhundert ist der Antisemitismus ein weitverbreitetes Phänomen in der bürgerlichen Gesellschaft. Der französische Schriftsteller Anatole France sieht in ihm den „Tod der europäischen Zivilisation" (1894).

Im deutschen Kaiserreich sind es vor allem Richard Wagners Pamphlete, die den „modernen" und „aufgeklärten" Judenhass in der Welt des Bildungsbürgertums salonfähig machen. Der Komponist verknüpft soziale und kulturelle antijüdische Motive, um „den Juden" als „zersetzendes fremdes Element" zu stigmatisieren. Und damit steht Wagner nicht allein.

Befeuert wird der Antisemitismus durch die pseudowissenschaftlichen „Forschungen" vielgelesener Rassetheoretiker wie Chamberlain, Drumont, Dühring oder Marr. Deren krude Schriften liefern den Nationalsozialisten das Fundament für ihre menschenverachtende Weltanschauung. Danach wird nicht nur die Eroberung neuen Lebensraums für die Germanen zum Leitprinzip der verbrecherischen NS-Politik, sondern auch die „Vernichtung der jüdischen Rasse in Europa". So formuliert es Hitler unmissverständlich in seiner Reichstagsrede am 30. Januar 1939.

Auch im linken politischen Spektrum ist der Antisemitismus ein relevantes Phänomen.

Der klassische Marxismus thematisiert die „Judenfrage" im Kontext seiner Kapitalismuskritik. Da der Jude – nach Karl Marx – im Geld seinen „weltlichen Gott" sieht, wird das Judentum als „asoziales Element" mit der Überwindung der Klassengesellschaft verschwinden.

Linksextremisten heute reaktivieren dieses Feindbild in ihrer Kritik am internationalen Finanzsystem, in dem auf den verderblichen Einfluss „jüdischer" Banken verwiesen wird. Häufiger noch tauchen antisemitische Klischees in antiimperialistischen und antizionistischen Resolutionen auf, in denen Israel als „Apartheid-Staat" kein Existenzrecht zugestanden wird.

In der Ablehnung des jüdischen Staates sind sich Links- und Rechtsextremisten ganz nahe!

Der israelisch-arabische Konflikt ist auch eine Triebfeder für den zeitgenössischen islamischen Antisemitismus. Das belegen z. B. die Kriminalstatistiken, wonach gewalttätige Übergriffe auf jüdische Mitbürger in Deutschland durch den verstärkten Zuzug von Migranten aus arabisch-muslimischen Ländern deutlich zugenommen haben. Eine Wurzel für die Ablehnung von Juden in der islamischen Kommunität ist aber auch die religiös motivierte Feindschaft, die sich bereits im Koran findet. Dieser traditionelle Antijudaismus wird von islamistischen Gruppierungen (z. B. der Hamas) und israelfeindlichen Regimen (etwa im Iran) immer wieder politisch instrumentalisiert.

Das langlebigste Krebsgeschwür des Antisemitismus ist die Fama einer angeblichen jüdischen Weltverschwörung. Diese paranoide Vorstellung findet sich in nahezu allen judenfeindlichen Ideologien. „Die Protokolle der Weisen von Zion" sind dabei das bekannteste Machwerk der Antisemiten. Seit ihrer Entstehung (um 1900) haben sie die Phantasie der Judenhasser inspiriert. Überall dort, wo sich Menschen dem Schicksal schutzlos ausgeliefert fühlen, fällt die Theorie einer jüdischen Weltverschwörung auf fruchtbaren Boden. Mal sind es jüdische Bankiers und Börsenspekulanten, mal kommunistische Funktionäre, mal israelische Geheimagenten, die mit Hilfe willfähriger Politiker, Industrieller oder Wissenschaftler die Menschheit unterjochen wollen.

Die Corona-Pandemie hat solche Wahnvorstellungen weltweit noch befördert. Ein Blick ins Internet offenbart immer absurdere Szenarien dieser „jüdischen Bedrohung".

Die ausgesuchten Quellen spiegeln die vielfältigen Facetten des Antisemitismus wider. Die Sammlung kann und will dabei keine jüdische Geschichte ersetzen; sie konzentriert sich vielmehr auf die judenfeindlichen Stereotype, auf die die (christliche) Mehrheitsgesellschaft – besonders in Krisenzeiten – immer wieder zurückgegriffen hat. Weil diese aus dem religiös motivierten Judenhass stammenden Vorurteile bis in die Gegenwart relevant geblieben sind, nimmt das Kapitel „Antijudaismus im Christentum" einen größeren Raum ein. „Dieses Weiterwirken ist völlig unabhängig davon, wie christlich oder säkular sich eine Gesellschaft versteht." (Schäfer, 2020)

Bei alldem muss klar sein, dass die Geschichte der Juden in Europa keinesfalls auf Diskriminierung, Ausgrenzung und Liquidierung reduziert werden darf! Auch deutsche Schulbücher thematisieren die Leistungen der jüdischen Bürger für die wirtschaftliche, wissenschaftliche und kulturelle Entwicklung des Kontinents oft nicht in der gebotenen Weise. Juden bleiben meist Objekte und sind nicht gestaltende Subjekte der Geschichte.

Darauf weist auch Josef Schuster, Präsident des „Zentralrats der Juden", zum Abschluss der Materialsammlung hin.

Eine allgemein gültige Definition des Begriffs „Antisemitismus" gibt es nicht. Das zeigt sich gegenwärtig in der kontroversen Debatte um die im März 2021 vorgelegte „Jerusalemer Erklärung zum Antisemitismus". Das inzwischen von rund 300 Wissenschaftlern aus Israel, Europa und den USA unterzeichnete Papier setzt sich bewusst von der Antisemitismusdefinition der „International Holocaust Remembrance Alliance" aus dem Jahr 2016 ab. Kritiker werfen ihr vor, nicht zwischen antisemitischer Rede und legitimer Kritik an Israel zu unterscheiden. Vor dem Hintergrund der Eskalation des Gaza-Konflikts ist die akademische Debatte zu einem Politikum geworden. Das auf die Geschichte des Judenhasses ausgerichtete Heft geht daher auf diesen aktuellen Streit um eine sachgerechte Definition des Antisemitismus nicht ein.

Neben dem Religions- und Ethikunterricht ist das Fach Geschichte der klassische Ort zur Auseinandersetzung mit dem Antisemitismus. In einigen Bundesländern schlagen die Lehrpläne entsprechende „Längsschnitte" vor. Dafür bieten sich die vorliegenden Quellentexte, Bilder und Statistiken an. Sie können aber auch als „Steinbruch" genutzt werden, wenn Lehrkräfte das Thema im Kontext einer Epoche (z. B. Antijudaismus im Mittelalter; Judenfeindschaft im Wilhelminischen Kaiserreich; Rassismus und Antisemitismus u. a.) behandeln möchten.

Neben einigen kanonischen Texten umfasst das Heft eine Vielzahl meist unbekannter Materialien, die für einen abwechslungsreichen Unterricht sorgen. Sie regen die Lernenden an, das Thema individuell oder in Kleingruppen zu vertiefen. Wo immer möglich, zeichnen Schrift- und Bildquellen typische Erscheinungsformen des Antisemitismus an konkreten Biographien und Schauplätzen (z. B. Werner von Oberwesel) nach. Dabei kommen auch die von Ausgrenzung und Verfolgung betroffenen Menschen selbst zu Wort.

M6 Hostienfrevel

Seit Ende des 13. Jahrhunderts ist die Vorstellung der Hostienschändung belegt. Für die Christen ist in der Hostie, dem im Gottesdienst geweihten eucharistischen Brot, Jesus Christus real gegenwärtig. Juden stehlen diese Hostien, um sie auf verschiedene Weise zu traktieren (stechen, schneiden, verbrennen, in Wasser auflösen u.a.). Diese Blasphemie bot im Mittelalter immer wieder Anlass zu blutigen Pogromen. So löste eine angebliche Hostienschändung im fränkischen Röttingen 1298 die nach ihrem Anführer benannte „Rintfleisch"-Bewegung aus. Ihrer Mordgier fielen vermutlich rund 5000 Juden zum Opfer.

Meister von Vallbona de les Monges: „Altar der Eucharistie" aus der Klosterkirche Vallbona de les Monges (Urgell) um 1335–1345. Details. Museu Nacional d'Art de Catalunya in Barcelona. Foto: Dorothee Britz

1. Beschreibe die beiden Darstellungen.
2. Überlege, an welche judenfeindlichen Vorstellungen der Vorwurf der Hostienschändung anknüpfen konnte.

M7 Judenfeindlichkeit im katholischen Traditionalismus

Während die Katholische Kirche im II. Vatikanischen Konzil (1962–1965) den Antijudaismus verurteilte und die unwiderrufliche Erwählung des Judentums betonte, lehnen fundamentalistische Gruppen den jüdisch-christlichen Dialog ab. Zu ihnen zählt vor allem die traditionalistische „Priesterbruderschaft St. Pius X."

Im Dezember 2008 schrieb P. Franz Schmidberger (1946), der Generalobere der deutschen Pius-Brüder, in einem offenen Brief an die deutschen Bischöfe:* Wir sehen mit Trauer Papst Johannes Paul II. und nun auch Papst Benedikt XVI. in eine jüdische Synagoge gehen. [...] Die Juden unserer Tage sind nicht nur nicht unsere älteren Brüder im Glauben, wie der Papst bei seinem Synagogenbesuch 1986 in Rom behauptete; sie sind vielmehr des Gottesmordes mitschuldig.

Aus: Frisch, Hermann Josef: Aufbruch oder Betriebsunfall? Das II. Vatikanische Konzil und seine Folgen. Patmos. Ostfildern 2010, S. 123–124

Der zur Pius-Bruderschaft gehörende Bischof Richard Williamson (1940 in London) erklärte in einem TV-Interview mit einem schwedischen Sender 2008 in Zaitzkofen bei Regensburg.* Ich glaube, dass die historischen Beweise gewaltig dagegensprechen, dass sechs Millionen Juden vorsätzlich in Gaskammern vergast wurden als vorsätzliche Strategie Adolf Hitlers. [...] Ich glaube, es gab keine Gaskammern.*

Aus: https.//www.lto.de/recht/nachrichten/n/egmr-6449617-williamson-holocaust-leugnung-meinungsfreiheit-volksverhetzung/ (Zugriff: 15.9.2021)

* Williamson wurde wegen der Leugnung des Holocausts in Deutschland zu einer Geldstrafe von 1.800 € verurteilt. Gegen dieses Urteil klagte er erfolglos beim Europäischen Gerichtshof in Straßburg.

1. Bewerte die Einschätzungen der traditionalistischen Pius-Brüder.
2. Formuliere Vorschläge, wie beide großen Kirchen heute den Dialog zwischen Christen und Juden konkret gestalten sollten.

M1 Ritualmord: Beispiel Werner von Oberwesel

Kurz nach Ostern 1287 wird in der Nähe von Bacharach am Mittelrhein die Leiche eines etwa 14-jährigen Jungen entdeckt. Zahlreiche Stichwunden verdeutlichen: Der Jugendliche wurde Opfer eines Gewaltverbrechens (Sexualmord?). Der Tote ist der aus dem Hunsrückdorf Womrath stammende Werner, den viele als Tagelöhner und Bettler kannten. Er soll u.a. auch im Dienst eines Juden im benachbarten Oberwesel gestanden haben. Und so macht schnell das Gerücht die Runde: Juden haben den armen Jungen aus rituellen Motiven getötet. Während man Werner als christlichen Blutzeugen in einer Kapelle in Bacharach bestattet, rollt eine Pogromwelle durch das Rheintal. Sie wälzt sich bis an den Niederrhein. Vielerorts ermorden hasserfüllte Christen ihre jüdischen Nachbarn. Mit rund 500 Toten sind die „Werner-Pogrome" die schlimmste Judenverfolgung seit dem Ersten Kreuzzug!

Werners Grab zieht Scharen von Pilgern an. Heilungswunder sollen sich dort ereignen. Das angebliche Opfer eines jüdischen Ritualmords wird zum Volksheiligen.

Die kleine Kapelle muss einem Neubau weichen, der nach 1426 vollendet wird. Auch wenn alle Bemühungen um eine offizielle Heiligsprechung des „Guten Werner" in Rom scheitern, so bleibt das angebliche Ritualmordopfer über Jahrhunderte ein hochgeschätzter Märtyrer des Christentums. Der Wernerkult reicht weit über das Rheinland hinaus. So ist „Saint Vernier" beispielsweise auch in Burgund als Patron der Winzer noch heute populär.

Während in Bacharach die Reformation Mitte des 16. Jahrhunderts der Wallfahrt ein Ende macht, bleibt Oberwesel noch bis ins 20. Jahrhundert ein Ort der Wernerverehrung. Denn auch dort errichten fromme Christen um 1300 eine Wernerkapelle. Sie steht der Überlieferung nach am Tatort, dem einstigen Haus der jüdischen „Ritualmörder". Noch bis zum Jahr 1970 konnten Passanten das an der Außenseite des Chors angebrachte barocke Relief sehen, auf dem das Martyrium des unschuldigen Jungen drastisch gezeigt wird. Erst im Zuge des II. Vatikanischen Konzils (1962–1965) strich das zuständige Bistum Trier Werner von Oberwesel aus seinem regionalen „Heiligenkalender". Die von der Kirche angeordnete Entfernung des antijüdischen Bildes löste eine heftige Kontroverse unter den Gläubigen aus. Viele Oberweseler wollten sich „ihren" Werner nicht nehmen lassen. Theologen, Historiker, Denkmalpfleger, Repräsentanten jüdischer Verbände, Lokal- und Landespolitiker stritten über den Umgang mit dem Relief. Das Ergebnis: Das steinerne Ritualmordbild wurde in die Friedhofskapelle nahe der Liebfrauenkirche gebracht. Es ist für die Öffentlichkeit so nur anlässlich einer Trauerfeier zugänglich.

Autorentext

M2 Juden töten Werner von Oberwesel

Sandsteinrelief (1727), das bis 1970 an der Oberweseler Wernerkapelle an den „Ritualmord" von 1287 erinnerte.

Foto: Werner Dupuis, Simmern

M3 Eine zeitgenössische Quelle: Gesta Treverorum (um 1300)

Als im Jahre des Herrn 1287 [...] ein armer christlicher Junge namens Werner in der Stadt Oberwesel aus dem Keller eines Juden einen Korb hochtrug, wurde er, da Zeit und Gelegenheit günstig waren, von den ungläubigen Juden, diesen Feinden des christlichen Glaubens, nach vorgefasstem Plan überfallen. Sie fügten dem unschuldigen Knaben viele Verletzungen zu, zerfleischten seine Glieder und töteten ihn grausam. Den ausgebluteten Leichnam verbargen sie ziemlich weit vom Dorf entfernt im dornigen Gebüsch. Gott aber bewahrte den Leib seines Märtyrers unversehrt von wilden Tieren und Vögeln. Schließlich wurde er von einem Bauern gefunden, der dort sein Feld pflügte. Er rief seine Nachbarn herbei, dass sie es sähen, und es erhob sich im Volk ein Murren gegen die Juden, weil diese das Verbrechen getan haben sollten. Dies bezeugte eine christliche Magd, die bei Juden diente; sie erklärte, sie habe durch eine Ritze in der Mauer die eben erzählten Ereignisse gesehen. So wurden die Menschen dieser Gegend nah und fern von Wut ergriffen und wüteten grausam gegen die unglücklichen Juden. Die einen erwürgten sie, andere verbrannten sie mit Frauen und Kindern, andere ertränkten sie und mehrere erschlugen sie mit dem Schwert. Nur die, die sich in die Burgen und Festen des Adels zurückziehen konnten, wurden mit Mühe aus der Verfolgung gerettet. Die Leiche des verehrungswürdigen Märtyrers wurde nach Bacharach überführt, und sogleich wurde dort zu Gottes und seines Märtyrers Ehre eine prachtvolle Kapelle errichtet. Man glaubt, Gott habe durch viele Wunder den in seinen Augen wertvollen Tod verherrlicht. Aus nah und fern wallfahren Scharen von Pilgern an sein Grab in der Hoffnung auf Vergebung ihrer Sünden.

Aus: Wolffsohn, Michael/Puschner, Uwe: Geschichte der Juden in Deutschland. Quellen und Kontroversen. Ein Arbeitsbuch für die Oberstufe des Gymnasiums. München 1992, S. 42

M4 Ritualmordlüge als antisemitischer Dauerbrenner

Der 12-jährige William von Norwich, dessen übel zugerichtete Leiche man 1144 fand, ist der erste Beleg für die Ritualmordlüge. Juden töten christliche Kinder, vor allem Jungen, um mit ihrem Blut die für das Pessachfest benötigten Mazzen (ungesäuerte Brote) zu backen. Von England aus verbreitet sich diese Vorstellung über nahezu ganz Europa. In den unschuldigen Opfern sieht man heilige Blutzeugen: Werner von Oberwesel (1287), Rudolf von Bern (1284), das „Anderl" von Rinn bei Innsbruck (1462) oder Simon von Trient (1475) sind nur einige Beispiele.

Kollektiv werden die Juden in der Region und oft auch darüber hinaus für den Kindermord verantwortlich gemacht. Furchtbare Massaker in den jüdischen Gemeinden sind die Folge. Der religiöse Fanatismus der Totschläger verbindet sich mit sozialen Motiven und wirtschaftlichen Interessen. Mit den Pogromen werden christliche Schuldner ihre jüdischen Gläubiger und Konkurrenten los.

Da hilft es auch nicht, wenn Kaiser (wie Friedrich II. 1244) und Päpste (etwa Innozenz IV., 1247) die Ritualmordvorwürfe als falsch und verderblich verurteilen.

Die Wahnvorstellung vom jüdischen Ritualmord überdauert das Mittelalter. Auch Reformation und Aufklärung schaffen sie nicht aus der Welt.

Im 19. Jahrhundert kommt es in Europa immer wieder zu Ausschreitungen gegen Juden und ihre Einrichtungen, wenn Verbrechen an Kindern nicht aufgeklärt werden können. Auch in Deutschland. So werden 1891 in Xanten („Buschhoff-Affare") oder 1900 im westpreußischen Konitz jüdische Metzger als angebliche Ritualmörder denunziert.

Die Nationalsozialisten bedienen sich mit Hingabe des Klischees vom blutrünstigen jüdischen Kindermörder. Das antisemitische Hetzblatt „Der Stürmer" widmet dem Thema 1939 eine berüchtigte „Sondernummer".

Das Gerücht eines Ritualmordversuchs an einem angeblich von Juden entführten Christenjungen löst 1946 ein Pogrom im polnischen Kielce aus. 42 Männer, Frauen und Kinder werden ermordet. Überlebende der Shoa!

In der muslimischen Welt gehört die Ritualmordlüge zum Rüstzeug antizionistischer Propaganda. So produziert der arabische Sender "Al-Mansar" 2003 eine populäre TV-Soap ("Al-Shalat"), in der Rabbiner einem christlichen Knaben die Kehle durchschneiden, um sein Blut zum Backen der Mazzot zu verwenden.

Autorentext

1. Analysiere den propagandistischen Erfolg der Ritualmordbeschuldigung.
2. Interpretiere das Oberweseler „Werner-Relief".
3. Setzt euch in der Lerngruppe mit der Entscheidung der Verantwortlichen auseinander, das Bildnis aus dem öffentlichen Raum zu entfernen.

M1 Martin Luthers Judenhass

In seinen Frühschriften zeigt sich Martin Luther dem Judentum gegenüber aufgeschlossen. In der Abhandlung „Dass Jesus Christus ein geborener Jude sei" (1523) verurteilt der Reformator antisemitische Übergriffe. Die Papstkirche habe den Juden das Evangelium nicht in rechter Weise verkündet. Deshalb sei ihnen die Botschaft Christi fremdgeblieben.

Doch Luther ändert seine Einstellung und entwickelt sich zu einem radikalen Kritiker der Juden und ihrer Traditionen. Immer wieder wütet er gegen die „Teufelsanbeter". In seiner Schrift „Von den Juden und ihren Lügen" (1543) fordert Luther von den evangelischen Landesherren ein hartes Vorgehen gegen die jüdische Gemeinschaft.

Was wollen wir Christen nun tun mit diesem verworfenen Volk der Juden? [...] Ich will meinen treuen Rat geben: Erstens, dass man ihre Synagogen oder Schulen mit Feuer anstecke und, was nicht verbrennen will, mit Erde überhäufe und beschütte, dass kein Mensch einen Stein oder eine Schlacke davon sehe ewiglich. [...] Zweitens, dass man auch ihre Häuser ebenso niederreiße und zerstöre. Denn sie treiben darin dasselbe wie in den Schulen. [...] Drittens, dass man ihnen alle ihre Gebetbüchlein und Talmudisten nehme, in denen diese Abgötterei, Lügen, Fluch und Lästerung gelehrt wird. Viertens, dass man ihren Rabbinern bei Leib und Leben verbiete, weiterhin zu lehren. [...] Fünftens, dass man den Juden das freie Geleit und das Recht auf die Straßen ganz aufhebe. [...] Sechstens, dass man ihnen den Wucher verbiete und ihnen alle Barschaft und Kostbarkeiten in Gold und Silber nehme. [...] Siebtens, dass man den jungen, starken Juden und Jüdinnen Flegel, Axt, Hacke, Spaten, Rocken, Spindel in die Hand gebe und lasse sie ihr Brot verdienen im Schweiße der Nasen, wie Adams Kindern auferlegt ist. [...]

Ja, wenn sie uns antun könnten, was wir ihnen antun können, brauchte keiner von uns mehr eine Stunde zu leben. Weil sie aber öffentlich nicht zu tun vermögen, bleiben sie eben im Herzen tägliche Mörder und blutdürstige Feinde. Dass beweisen ihre Flüche und Gebete und die vielen Geschichten, dass sie Kinder gemartert haben, weswegen sie oft verbrannt und verjagt wurden.

Aus: Borchardt, Wolfgang/Möldner, Reinhardt: Jüdisches Leben in christlicher Umwelt. Ein historischer Längsschnitt. Themen und Probleme der Geschichte. Frankfurt/M. 1991, S. 67–68

M2 „Vom schem hamphoras"*

Der Teufel hat in die Hosen geschissen und den Bauch abermals geleert. Das ist ein rechtes Heiligtum, das die Juden, und wer immer Jude sein will, küssen, fressen, saufen und anbeten sollen. [...] Da schmeißt und spritzt er sie so voll, dass der Teufelsdreck an allen Orten von ihnen ausdünstet und ausschwemmt, ja der schmeckt ihrem Herzen, da schmatzen sie wie die Säue. [...] Als Judas Ischariot sich erhängt hatte, dass ihm die Därme zerrissen und, wie es bei den Erhängten geschieht, die Blase geborsten, da haben die Juden vielleicht ihre Diener mit goldenen Kannen und silbernen Schüsseln dabei gehabt, die Judaspisse – wie man das nennt – samt dem anderen Heiligtum aufgefangen, danach miteinander die Scheiße gefressen und gesoffen, wovon sie so scharfsichtige Augen bekamen, dass sie solche und dergleichen Gossen in der Schrift sehen, die weder Matthäus noch Isaias (Jesaja) selbst noch alle Engel, geschweige wir verfluchten Gojim** sehen können. Oder sie haben ihrem Gott, dem Sched (Teufel), in den Hintern geguckt und in demselben Rauchloch solches geschrieben gefunden.

Aus: Roper, Lyndal: Luther. Der Mensch Martin Luther. Eine Biographie. Frankfurt/M. 2016, S. 502–503

* dem hebräischen „Schem ha-meforasch" nachgebildet, das den Namen Gottes meint

** in der rabbinischen Literatur Bezeichnung für die Nichtjuden

1. Skizziere Luthers judenfeindliche Stellungnahmen.
2. Finde heraus, welche Straftatbestände Luthers Darlegungen heute erfüllten.
3. Überlege, warum sich der Reformator zu einem so radikalen Hassprediger gegen die Juden entwickeln konnte.
4. Der Philosoph Karl Jaspers (1883–1969) meinte: „Was Hitler getan, hat Luther geraten, mit Ausnahme der direkten Tötung durch Gaskammern." (1963, 162) Diskutiert diese Einschätzung.

M3 Das antisemitische Erbe des Reformators

Luthers judenfeindliche Schriften hatten eine höchst problematische Rezeptionsgeschichte im deutschen Protestantismus. In der Zeit des Dritten Reiches beförderte dieses antijüdische Narrativ ein Zusammengehen von Kreuz und Hakenkreuz. Parallel zum Aufstieg der NSDAP schlossen sich nationalsozialistisch denkende Protestanten 1932 in der antisemitischen „Glaubensbewegung Deutsche Christen" (DC) zusammen. Ihr Ziel war die Bildung einer deutschen Nationalkirche. Bei den reichsweiten angesetzten Kirchenwahlen 1933 erhielten die „Deutschen Christen" in fast allen Landeskirchen eine satte Zwei-Drittel-Mehrheit. Als Reaktion auf die Erfolge der DC entstand die Bekennende Kirche als innerkirchliche Opposition zu der gleichgeschalteten „Reichskirche". Aus den Richtlinien der DC vom 26. Mai 1932:

Wir sehen in Rasse, Volkstum, und Nation uns von Gott geschenkte und anvertraute Lebensordnungen, für deren Erhaltung zu sorgen, uns Gottes Gesetz ist. Daher ist der Rassenmischung entgegenzutreten. [...] In der Judenmission sehen wir eine schwere Gefahr für unser Volkstum. Sie ist das Eingangstor fremden Blutes in unseren Volkskörper. [...] Wir lehnen die Judenmission in Deutschland ab, solange die Juden das Staatsbürgerrecht besitzen und damit die Gefahr der Rassenverschleierung und -bastardierung besteht. Die Heilige Schrift weiß auch etwas zu sagen von heiligem Zorn und sich versagender Liebe. Insbesondere ist die Eheschließung zwischen Deutschen und Juden zu verbieten.

Aus: Arnhold, Oliver/Lenhard, Hartmut: Kirche ohne Juden. Christlicher Antisemitismus 1933–1945. Göttingen 2015, S. 16

M4 „Entjudung" Jesu

1939 entstand im Kontext der DC in Eisenach das „Institut zur Erforschung und Beseitigung des jüdischen Einflusses auf das deutsche kirchliche Leben". 24 Professoren der evangelischen Theologie unterstützten die Einrichtung tatkräftig. Zum Programm der „Entjudung" gehörte auch die Lehre, wonach Jesus kein Jude, sondern Arier gewesen sei. Schon 1937 propagiert die Schrift „Jesus und die Juden! Deutsche Christen im Kampf!" diese Überzeugung:

Wir schließen uns dem Standpunkt von H. St. Chamberlain* an: „Die Wahrscheinlichkeit, dass Christus kein Jude war, dass er keinen Tropfen echt jüdischen Blutes in den Adern hatte, ist so groß, dass sie fast einer Gewissheit gleichkommt." Man lese einmal jene Worte aus Joh 8,44. Selbst Martin Luther oder der „Stürmer"**, deren judenfeindliche Einstellung überall bekannt ist, haben nicht eine solche schonungslose Schärfe dem Judentum gegenüber an den Tag gelegt, wie Jesus. [...] Seiner Konfession nach war Jesus zunächst Jude; dem Blut nach [...] nicht. Aber noch bekannter ist die Tatsache, dass Jesus ein Rebell war gegen die jüdische Frömmigkeit und dass er als „Gotteslästerer" in den Augen des priesterlichen Judentums fiel. [...] Jesus bedeutet [...] das Ende des Judentums nach jeder Richtung. [...] Von den jüdischen Schlacken befreien wir das Evangelium. [...] Wir kämpfen daher um ein judenfreies deutsches Christentum und wissen, dass wir dabei in der Nachfolge des Heilandes stehen.

Aus: Arnhold, Oliver/Lenhard, Hartmut: Kirche ohne Juden. Christlicher Antisemitismus 1933–1945. Göttingen 2015, S. 35

* Houston Stewart Chamberlain (1855–1927) deutsch-britischer Rassentheoretiker
** antisemitisches NS-Wochenblatt

M5 Rechtfertigung der Reichspogromnacht

Martin Sasse (1890–1942), der evangelische Landesbischof von Thüringen, bezog in der Broschüre „Martin Luther über die Juden: Weg mit ihnen!" (Auflage 100.000 Exemplare) vom November 1938 Stellung zur Reichspogromnacht:

Am 10. November 1938, an Luthers Geburtstag, brennen in Deutschland die Synagogen. [...] In dieser Stunde muss die Stimme des Mannes gehört werden, der als der Deutschen Prophet im 16. Jahrhundert aus Unkenntnis erst als Freund der Juden begann, der, getrieben von seinem Gewissen, getrieben von den Erfahrungen und der Wirklichkeit, der größte Antisemit seiner Zeit geworden ist, der Warner seines Volkes wider die Juden.

Aus: Kaufmann, Thomas: Luthers Juden. Stuttgart 2014, S. 165–166

1. Vergleicht die Texte mit Luthers Kritik an den Juden. Wo seht ihr Parallelen, wo gehen die Dokumente der „Deutschen Christen" über den Reformator hinaus?
2. Setzt euch mit der These auseinander, wonach die religiös motivierte Judenfeindschaft eine Voraussetzung für den NS-Völkermord an den europäischen Juden im Zweiten Weltkrieg gewesen ist.

M1 Der Komponist Richard Wagner (1850/1869)

Der Jude, der bekanntlich einen Gott ganz für sich hat, fällt uns im gemeinen Leben zunächst durch seine äußere Erscheinung auf, die, gleichviel welcher europäischen Nationalität wir angehören, etwas von dieser Nationalität unangenehm Fremdartiges hat: Wir wünschen unwillkürlich mit einem so aussehenden Menschen nichts gemein zu haben. [...]

Wir können uns auf der Bühne keinen antiken oder modernen Charakter, sei es ein Held oder ein Liebender, von einem Juden dargestellt denken, ohne unwillkürlich das bis zur Lächerlichkeit Ungeeignete einer solchen Vorstellung zu empfinden. Dies ist sehr wichtig: einen Menschen, dessen Erscheinung wir zu künstlerischer Kundgebung, nicht in dieser oder jener Persönlichkeit, sondern allgemeinhin seiner Gattung nach, für unfähig halten müssen, dürfen wir zur künstlerischen Äußerung seines Wesens überhaupt ebenfalls nicht für befähigt halten. [...]

Denn über eines bin ich mir klar: So wie der Einfluss, welchen die Juden auf unser geistiges Leben gewonnen haben, und wie er sich in der Ablenkung und Fälschung unserer höchsten Kulturtendenzen kundgibt, nicht ein bloßer, etwa nur physiologischer Zufall ist, so muss er auch als unleugbar und entscheidend anerkannt werden. Ob der Verfall unserer Kultur durch eine gewaltsame Auswerfung des zersetzenden fremden Elementes aufgehalten werden könne, vermag ich nicht zu beurteilen, weil hierzu Kräfte gehören müssten, deren Vorhandensein mir unbekannt ist.

Aus: Fischer, Jens Malte: Richard Wagners „Das Judentum in der Musik". Eine kritische Dokumentation als Beitrag zur Geschichte des Antisemitismus. Frankfurt/M. und Leipzig 2000, S. 148–149, 195–196

M2 Der Journalist Otto Glagau (1874)

Nicht länger dürfen falsche Toleranz und Sentimentalität, leidige Schwäche und Furcht uns Christen abhalten, gegen die Auswüchse, Ausschreitungen und Anmaßungen der Judenschaft vorzugehen. Nicht länger dürfen wir's dulden, dass die Juden sich überall in den Vordergrund, an die Spitze drängen, überall die Führung, das große Wort an sich reißen. Sie schieben uns Christen stets beiseite, sie drücken uns an die Wand, sie nehmen uns die Luft und den Atem. Sie führen tatsächlich die Herrschaft über uns; sie besitzen eine gefährliche Übermacht und sie üben einen höchst unheilvollen Einfluss. Seit vielen Jahrhunderten ist es wieder zum ersten Mal, dass ein fremder, an Zahl so kleiner Stamm die große eigentliche Nation beherrscht. Die ganze Weltgeschichte kennt kein zweites Beispiel, dass ein heimatloses Volk, eine physisch wie psychisch entschieden degenerierte Rasse, bloß durch List und Schlauheit, durch Wucher und Schacher, über den Erdkreis gebietet.

Aus: Reinke, Andreas: Geschichte der Juden in Deutschland 1781–1933. Geschichte kompakt. Darmstadt 2007, S. 91

M3 Der Historiker Heinrich von Treitschke (1879)

Wenn Engländer und Franzosen mit einiger Geringschätzung vom dem Vorurteil der Deutschen gegen die Juden reden, so müssen wir antworten: Ihr kennt uns nicht; ihr lebt in glücklicheren Verhältnissen, welche das Aufkommen solcher Vorurteile unmöglich machen. Die Zahl der Juden in Westeuropa ist so gering, dass sie einen fühlbaren Einfluss auf die nationale Gesittung nicht ausüben können; über unsere Ostgrenze aber dringt Jahr für Jahr aus der unerschöpflichen polnischen Wiege eine Schar strebsamer hosenverkaufender Jünglinge herein, deren Kinder und Kindeskinder dereinst Deutschlands Börsen und Zeitungen beherrschen sollen; die Einwanderung wächst zusehends, und immer ernster wird die Frage, wie wir dieses fremde Volkstum mit dem unseren verschmelzen können. [...] Denn wir wollen nicht, dass auf die Jahrtausende germanischer Gesittung ein Zeitalter deutsch-jüdischer Mischkultur folge. [...] Bis in die Kreise der höchsten Bildung hinauf, unter Männern, die jeden Gedanken kirchlicher Unduldsamkeit oder nationalen Hochmuts mit Abscheu von sich weisen würden, ertönt es heute wie aus einem Munde: die Juden sind unser Unglück!

Aus: Reinke, Andreas: Geschichte der Juden in Deutschland 1781–1933. Geschichte kompakt. Darmstadt 2007, S. 93

M4 Juden im Deutschen Kaiserreich

Die jüdische Bevölkerung im Deutschen Reich und ihr relativer Anteil an der Gesamtbevölkerung zwischen 1871 und 1910:

	1871	1880	1890	1900	1910
Gesamtbevölkerung in Mio	41,06	45,23	49,42	56,32	64,92
Juden	512153	561612	567884	586833	615021
Anteil (in %)	1,25	1,24	1,15	1,04	0,95

Nach: Reinke, Andreas: Geschichte der Juden in Deutschland 1781–1933. Geschichte kompakt. Darmstadt 2007, S. 73

Berufsstruktur der in Deutschland lebenden Juden zwischen 1895 und 1907:

	1895		1907	
	Gesamt-bevölkerung	Juden	Gesamt-bevölkerung	Juden
Landwirtschaft	37,5 %	1,6 %	35,2 %	1,6 %
Handwerk und Industrie	37,5 %	22,5 %	40,0 %	26,5 %
Handel und Verkehr	10,66 %	65,2 %	12,4 %	61,4 %
Öffentliche Dienste und freie Berufe	6,4 %	7,1 %	6,2 %	7,9 %
Häusliche Dienste	8,0 %	3,6 %	6,2 %	2,6 %

Nach: Reinke, Andreas: Geschichte der Juden in Deutschland 1781–1933. Geschichte kompakt. Darmstadt, 2007 S. 76

Steuerpflichtige nach Einkommensklassen in Düsseldorf 1902/3:

Jahreseinkommen (Mark)	Gesamtbevölkerung	Juden	Anteil von Juden in der gesamten Einkommensklasse
900,- bis 3000,-	88,9 %	66,1 %	0,9 %
3001,- bis 6000,-	6,5 %	15,8 %	3,1 %
6001,- bis 9500,-	1,9 %	6,8 %	4,5 %
9501,- bis 30500,-	2,1 %	8,0 %	4,8 %
30501,- bis 100000,-	0, 5%	2,7 %	7,0 %
über 100000,-	0,1 %	0,6 %	5,6 %

Nach: Deutsch-jüdische Geschichte. Quellen zur Geschichte und Politik. Stuttgart 2007, S. 72

M5 Der „Bäderantisemitismus"

Aus: Bajohr, Frank: „Unser Hotel ist judenfrei". Bäder-Antisemitismus im 19. und 20. Jahrhundert. Frankfurt/M. 2003, S. 76

M6 Das Borkum-Lied (um 1900)

Nach der Melodie des Kaisermarschs „Hipp, hipp, hurra!:

Wir grüßen heut' im frohen Lied dich, Borkums schönen Strand.
Wo durch die Luft die Möwe zieht, und grün sich dehnt das Land!
Wo an die Dünen braust die See des Nordens wild heran.
Wo Leuchtturms Licht von stolzer Höh' dem Schiffer weist die Bahn.
Drum wollen laut dein Lob dir singen, wir Gäste all', von fern und nah,
Begeistert soll der Ruf erklingen: Borkum hurra! Borkum hurra!
[...]
Es herrscht im grünen Inselland ein echter deutscher Sinn.
Drum alle, die uns stammverwandt, zieh'n freudig zu dir hin.
An Borkums Strand nur Deutschtum gilt, nur deutsch ist das Panier.
Wir halten rein den Ehrenschild Germanias für und für!
Doch wer dir naht mit platten Füßen, mit Nasen krumm und Haaren kraus,
Der soll nicht deinen Strand genießen, der muss hinaus, der muss hinaus!
Hinaus!

Aus: Bajohr, Frank: „Unser Hotel ist judenfrei". Bäder-Antisemitismus im 19. und 20. Jahrhundert. Frankfurt/M. 2003, S. 171

1. Zeige auf, warum die Autoren (M1, M2, M3) die Juden als Bedrohung empfinden.
2. Ordne die Texte in den zeitgeschichtlichen Kontext ein.
3. Adolf Hitler war von Jugend an ein glühender „Wagnerianer". Starte eine Internetrecherche und informiere dich dabei über den Einfluss des Komponisten auf Hitler und dessen Beziehungen zur Familie Wagner in Bayreuth.
4. Überprüfe die These von der gesellschaftlichen Dominanz des deutschen Judentums anhand der Statistiken (M4).
5. Recherchiere die Ursachen für die Schwerpunkte jüdischer Erwerbstätigkeit in bestimmten wirtschaftlichen Bereichen.
6. Interpretiere die Postkarte und das dazugehörige „Borkum-Lied" (M6 und M7).

M1 Der französische Journalist Edouard Drumont, Mitbegründer der nationalistisch-monarchistischen Action francaise (1886)

Der einzige, der bei der Revolution gewonnen hat, ist der Jude; alles kommt vom Juden, alles geht an ihn zurück. Wir haben hier mit der Eroberung einer ganzen Nation, mit einer Unterordnung derselben als die Leibeigenen unter eine verschwindende, aber zähe zusammenhängende Minderheit zu schaffen. [...] Die ungeheuren Vermögen der Juden, ihre Schlösser und Paläste, sind weder die Frucht eigener wirklicher Arbeit, noch redlichen Schaffens, es ist die Aussaugung [...] einer dienenden Rasse durch die sie beherrschende. [...] Da nun in Frankreich fast alle Zeitungen und Organe der öffentlichen Meinung in den Händen der Juden sind, oder doch indirekt von ihnen abhängen, so ist es vollständig erklärlich, dass die Bedeutung und die Tragweite dieser ungeheuren antisemitischen Bewegung, wie sie sich jetzt allerorten gestaltet, totgeschwiegen wird.

Aus: Geschichte betrifft uns. Antisemitismus. Nr. 2/1996, S. 19

M2 Der deutsch-britische Schriftsteller Houston Stewart Chamberlain (1899)

Als ob die gesamte Geschichte nicht da wäre, um uns zu zeigen, wie Persönlichkeit und Rasse auf das engste zusammenhängen, wie die Art der Persönlichkeit durch die Art der Rasse bestimmt wird und die Macht der Persönlichkeit an gewisse Bedingungen des Blutes geknüpft ist. [...] Von idealen Beweggründen bestimmt, öffnete der Indoeuropäer in Freundschaft die Tore: wie ein Feind stürzte der Jude hinein, stürmte alle Positionen und pflanzte – ich will nicht sagen auf den Trümmern, doch auf den Breschen unserer echten Eigenart die Fahne seines uns ewig fremden Wesens auf. [...] Sollten wir die Juden darob schmähen? Das wäre ebenso unedel, wie unwürdig und unvernünftig. Die Juden verdienen Bewunderung, denn sie haben mit absoluter Sicherheit nach der Logik und Wahrheit ihrer Eigenart gehandelt, und nie hat die Humanitätsduselei (welche die Juden nur insofern mitmachen, als sie ihnen selbst zum Vorteil gereicht) sie auch nur für einen Augenblick die Heiligkeit der physischen Gesetze vergessen lassen. Man sehe doch, mit welcher Meisterschaft sie das Gesetz des Blutes zur Ausbreitung ihrer Herrschaft benutzen: der Hauptstock bleibt fleckenlos, kein Tropfen fremden Blutes dringt hinein; [...] inzwischen werden aber tausende von Seitenzweiglein abgeschnitten und zur Infizierung der Indoeuropäer mit jüdischem Blut benutzt.

Aus: Behal, Michael/Pasche, Wolfgang: Juden in Deutschland. 34 Arbeitsblätter für den fächerübergreifenden Unterricht. Sekundarstufe I. Stuttgart 1995, S. 49

M3 Der deutsche Rassentheoretiker Hans F. K. Günther (1930)

Auffällig ist beim männlichen wie beim weiblichen Geschlecht innerhalb aller Judengruppen die Neigung zum Fettansatz, so zur Doppelkinnbildung, zu Auflagerung von Fett auf dem Nacken und über den Schultern, sowie überhaupt zu jeder Art „Beleibtheit". [...] Diese Neigung entspricht bestimmten Erbanlagen; stärkere Fettauflagerung wird aber zumeist nur bei üppigerer Lebensweise auftreten. Zu dieser neigen anscheinend viele Juden, und die im Verhältnis zu ihren nichtjüdischen Umgebungen überdurchschnittlich große Wohlhabenheit ermöglicht ihnen, solchen Neigungen zu folgen. [...] Die Lippen sind meist wulstiger als bei den abendländischen Völkern. Man sieht verhältnismäßig häufig Juden und Jüdinnen mit vorquellend erscheinenden Augen. [...] Besonders schwer erscheint das Oberlid, das verhältnismäßig tiefer als bei den Augen der europäischen Rassen [...] über das Auge hereinhängt. So entsteht der „verstohlene" Blick, [...] der öfters auch etwas Sinnlich-Brütendes oder etwas Lauerndes auszudrücken scheint. [...] Im jüdischen Volk scheinen auch fleischige „Ohrmuscheln" häufiger zu sein, überhaupt – besonders im männlichen Geschlecht – verhältnismäßig große Ohren, dabei oft „abstehende Ohren". [...]

Aus: Wolffsohn, Michael/Puschner, Uwe: Geschichte der Juden in Deutschland. Quellen und Kontroversen. Ein Arbeitsbuch für die Oberstufe des Gymnasiums. München 1992, S. 106–107

1. Fasse die rassistischen Grundthesen von M1 und M2 zusammen.
2. Erläutere, welche Rolle die Juden und Arier im Rassekonzept Chamberlains (M2) spielen.
3. Bewerte die Typisierung der Juden in M3.
4. Überlege, warum Günthers „Rassenkunde" von den Nationalsozialisten als „wissenschaftliche" Basis ihrer Politik gegenüber den Juden herangezogen wurde.

M1 Adolf Hitler

In seiner Programmschrift „Mein Kampf" (1925/26) lässt Adolf Hitler seinem Hass auf die Juden freien Lauf. „Der Jude" ist …

… schamlos, schmutzig, grausam, gesinnungslos, heimtückisch, spinnenhaft, geschlechtskrank, territorial unbegrenzt, Made, Unrat, Schleudermaschine, Seelenvergifter, Bazillenträger, Mädchenhändler, Verderber, Parlamentswanze, Schmutzkübel, Presselump, Parasit, Gottesgeißel, Pest, Blutvergifter, Völkerfraß, Vampir, Auswurf der Großstadt, Förderer der Prostitution, Dirigent des Lasterbetriebs, Verunreiniger der Geschichte, wahrer Teufel, verworfenes Pack, politischer Schieber, übelster Verleumder, geistiger Raubritter, tödlichster Feind der Nation, internationaler Börsenspekulant, eine Rotte von Ratten, blutsaugender Tyrann, Blutegel am Körper des unglücklichen Volkes, Personifikation des Teufels, Anstecker vom Leichengift marxistischer Vorstellungen, scheut die Sonne, untergräbt Sitte und Moral, erstickt in Schmutz und Unrat …

Es wäre ein Wahnwitz, den Wert des Menschen nach seiner Rassenzugehörigkeit abschätzen zu wollen, […] wenn man dann doch nicht entschlossen ist, auch die letzten Konsequenzen zu ziehen. […] Die Nationalisierung unserer Masse wird nur gelingen, wenn bei allem positiven Kampf um die Seele unseres Volkes ihre internationalen Vergifter ausgerottet werden.

Aus: Mein Kampf – Programm eines Massenmörders. Ein Film von Klaus Gietinger. Eine Produktion von Tellux Film. Im Auftrag des Bayerischen Rundfunks, 2016

M2 Misshandlung Wiener Juden nach dem „Anschluss" Österreichs (1938)

*David Schapira (*1898) arbeitete als Arzt in Wien. Hier erlebte er im März 1938 die Besetzung Österreichs durch die deutsche Wehrmacht. Er war von September 1938 bis Mai 1939 Häftling im KZ Buchenwald. 1939 emigrierte er in die USA. Schapira erinnert sich später, was gleich nach dem Einmarsch in Wien geschah.*

Die Nazis sind sehr gute Propagandisten. An demselben Vormittag waren überall Nazipropagandainschriften und Embleme zu sehen. Die Propaganda und Massensuggestion waren so vollkommen, dass die riesige Begeisterung der Massen ursprünglich echt war. […] Schon an demselben Tage sah der antisemitische Pöbel seine Zeit für gekommen. Juden wurden auf den Straßen blutig geschlagen, angespuckt und beschimpft. Juden mit gebrochenen Rippen, blutigen Schädeln, ausgebrochenen Zähnen kamen in Massen in die Ambulanz des jüdischen Spitales. Um nur ein Beispiel anzuführen, wurden eines Nachmittags die Juden in der Hauptallee, ohne Rücksicht auf Alter und Geschlecht, zusammengetrieben und gezwungen, „Froschhüpfe zu machen" und selbst zu rufen „Juda verrecke" oder „Ich bin ein Saujud". Sie mussten Spießrutenlaufen und ähnliches. […] Alte Frauen und Männer, angesehene Rabbiner, Ärzte, Rechtsanwälte wurden zur Straßenreinigung oder Autoreinigung herangezogen. Ich selbst wurde von halbwüchsigen Hitlerjungen zum Straßenreinigen geholt. […] Unter dem Gejohle des Pöbels wurde ich zur „Arbeitsstätte" geführt. Zur Ehrenrettung mancher Arier muss ich erwähnen, dass einzelne arische Frauen, die mich kannten und das sahen, weinten. Einen Schutz seitens der Polizei hat es überhaupt nicht gegeben. Die Schaufenster und die Firmentafeln der jüdischen Geschäfte wurden mit antijüdischen Hetzinschriften beschmiert, wie z. B. […] „Rassenschänder", „Jüdischer Betrüger", „Jud gehörst nach Dachau", „Auf den Galgen mit den Juden". Zur Illustration wurden Zeichnungen von Judenköpfen, Galgen mit hängenden Juden und ähnliches angebracht. Totaler Boykott der damals noch offenen jüdischen Geschäfte, Aufstellen von Boykottposten. Wenn sich als allerseltenste Ausnahme ein Arier in ein jüdisches Geschäft wagte und dabei erwischt wurde, wurde ihm eine Tafel umgehängt mit der Aufschrift "Ich deutsches Schwein kaufe beim Juden ein" und (er) musste vom johlenden Pöbel begleitet durch die Straßen ziehen. Kein Wunder, wenn schon in den ersten Tagen die vernünftigeren und rührigeren Juden, Böses ahnend, alles zurücklassen, versuchten, nur das nackte Leben zu retten und über die Grenze zu kommen. […] Viele hielten diese Drangsalierungen nicht aus und begingen Selbstmord. Die Zahl der jüdischen Selbstmörder betrug einige Hundert.

Aus: Quellen sprechen. Die Verfolgung und Ermordung der europäischen Juden durch das nationalsozialistische Deutschland 1933–1945. Zusammengestellt vom Bayerischen Rundfunk in Zusammenarbeit mit dem Institut für Zeitgeschichte. https://die-quellen-sprechen.de/02-017.html (Zugriff: 15.9.2021)

M3 Der Reichsführer SS Heinrich Himmler

Himmler referiert 1943 in Posen vor NS-Funktionären über die „Endlösung der Judenfrage". Am 4. Oktober 1943 vor SS-Gruppenführern:

„Ich will hier vor Ihnen in aller Offenheit, auch ein ganz schweres Kapitel erwähnen. Unter uns soll es einmal ganz offen ausgesprochen sein, und trotzdem werden wir in der Öffentlichkeit nie darüber reden. [...] Ich meine jetzt die Judenevakuierung, die Ausrottung des jüdischen Volkes. Es gehört zu den Dingen, die man leicht ausspricht. „Das jüdische Volk wird ausgerottet.", sagt ein jeder Parteigenosse, „ganz klar, steht in unserem Programm, Ausschaltung der Juden, Ausrottung, machen wir." Und dann kommen sie alle an, die braven 80 Millionen Deutschen, und jeder hat seinen anständigen Juden. Es ist ja klar, die anderen sind Schweine, aber dieser eine ist ein prima Jude. Von allen, die so reden, hat keiner zugesehen, keiner hat es durchgestanden. Von Euch werden die meisten wissen, was es heißt, wenn 100 Leichen beisammen liegen, wenn 500 daliegen oder wenn 1000 daliegen. Dies durchgehalten zu haben, und dabei – abgesehen von Ausnahmen menschlicher Schwächen – anständig geblieben zu sein, das hat uns hart gemacht. Dies ist ein niemals geschriebenes und niemals zu schreibendes Ruhmesblatt unserer Geschichte. [...] Wir hatten das moralische Recht, wir hatten die Pflicht gegenüber unserem Volk, dieses Volk, das uns umbringen wollte, umzubringen. [...] Insgesamt [...] können wir sagen, dass wir diese schwerste Aufgabe in Liebe zu unserem Volk erfüllt haben. Und wir haben keinen Schaden in unserem Inneren, in unserer Seele, in unserem Charakter daran genommen.

Aus: Berding, Helmut: Moderner Antisemitismus in Deutschland. Tempora. Quellen zur Geschichte und Politik. Stuttgart 1988, S. 78–79

M4 Ohne „Schaden an Geist und Seele"

Am 6. Oktober 1943 vor den Reichs- und Gauleitern der NSDAP:

Sie alle nehmen es als selbstverständlich und erfreulich hin, dass in Ihrem Gau keine Juden mehr sind. Alle deutschen Menschen [...] sind sich auch darüber klar, dass wir den Bombenkrieg [...] nicht ausgehalten hätten und nicht aushalten würden, wenn wir diese zersetzende Pest noch in unserem Volkskörper hätten. [...] Ich bitte Sie, das, was ich Ihnen in diesem Kreise sage, wirklich nur zu hören und nie darüber zu sprechen. Es trat an uns die Frage heran: Wie ist es mit den Frauen und Kindern? – Ich habe mich entschlossen, auch hier eine ganz klare Lösung zu finden. Ich hielt mich nämlich nicht für berechtigt, die Männer auszurotten – sprich also, umzubringen oder umbringen zu lassen – und die Rächer in Gestalt der Kinder für unsere Söhne und Enkel groß werden zu lassen. Es musste der schwere Entschluss gefasst werden, dieses Volk von der Erde verschwinden zu lassen. Für die Organisation, die den Auftrag durchführen musste, was es der schwerste, den wir bisher hatten. Er ist durchgeführt worden, ohne dass [...] unsere Männer und unsere Führer einen Schaden an Geist und Seele erlitten hätten. Diese Gefahr lag sehr nahe. Der Weg zwischen den beiden hier bestehenden Möglichkeiten, entweder zu roh zu werden, herzlos zu werden und menschliches Leben nicht mehr zu achten oder weich zu werden und durchzudrehen bis zu Nervenzusammenbrüchen (...) ist entsetzlich schmal.

Aus: Graml, Hermann: Reichskristallnacht. Antisemitismus und Judenverfolgung im Dritten Reich. München 1988, S. 263–264

1. Konstruiere aus dem unmenschlichen Vokabular von „Mein Kampf" (M1) das Judenbild Adolf Hitlers.
2. Überlege, welche Konsequenzen sich aus Hitlers Gedankengang am Ende des Textes (M1, Zeilen 9–11) ergeben.
3. Lege dar, welche Motive die antisemitischen Gewalttäter (M2) hatten.
4. Vergleiche Schapiras Schicksal (M2) mit anderen Dir bekannten jüdischen Biographien in der NS-Zeit.
5. Erläutere am Beispiel von Himmlers Posener Reden (M3/M4), was Historiker und Psychologen meinen, wenn sie von einer spezifischen „Moral der SS" sprechen.

M1 Karl Marx

Marx stammte aus einer jüdischen Familie. Einige seiner Ahnen waren Rabbiner. Mit sechs Jahren ließ ihn sein Vater evangelisch taufen. In der Schrift „Zur Judenfrage" (1844) setzt sich Marx mit der Stellung der Juden in der Gesellschaft auseinander:

Betrachten wir den wirklichen, weltlichen Juden, nicht den Sabbatsjuden, [...] sondern den Alltagsjuden. Suchen wir das Geheimnis des Juden nicht in seiner Religion, sondern suchen wir das Geheimnis der Religion im wirklichen Juden. Welches ist der weltliche Grund des Judentums? Das praktische Bedürfnis, der Eigennutz. Welches ist der weltliche Kultus des Juden? Der Schacher. Welches ist sein weltlicher Gott? Das Geld.

Nun wohl! Die Emanzipation vom Schacher und vom Geld, also vom praktischen, realen Judentum wäre die Selbstemanzipation unserer Zeit. Eine Organisation der Gesellschaft, welche die Voraussetzungen des Schachers [...] aufhöbe, hätte den Juden unmöglich gemacht. Sein religiöses Bewusstsein würde wie ein fader Dunst in der wirklichen Lebensluft der Gesellschaft sich auflösen. Andrerseits: wenn der Jude dies sein praktisches Wesen als nichtig erkennt und an seiner Aufhebung arbeitet, arbeitet er aus seiner bisherigen Entwicklung heraus, an der menschlichen Emanzipation schlechthin und kehrt sich gegen den höchsten praktischen Ausdruck der menschlichen Selbstentfremdung.

Wir erkennen also im Judentum ein allgemeines gegenwärtiges asoziales Element, welches durch die geschichtliche Entwicklung, an welcher die Juden in dieser schlechten Beziehung eifrig mitgearbeitet, auf seine jetzige Höhe getrieben wurde, auf eine Höhe, auf welcher es sich notwendig auflösen muss. Die Judenemanzipation in ihrer letzten Bedeutung ist die Emanzipation der Menschheit vom Judentum.

Aus: Wolffsohn, Michael/Puschner, Uwe: Geschichte der Juden in Deutschland. Quellen und Kontroversen. Ein Arbeitsbuch für die Oberstufe des Gymnasiums. München 1992, S. 72

M2 Rote Armee Fraktion (1972)

Während der Olympischen Spiele in München 1972 überfiel ein palästinensisches Kommando („Schwarzer September") das israelische Quartier im Olympischen Dorf. Dabei töteten die Terroristen zwei Sportler und nahmen die übrigen elf als Geiseln. Ziel der Aktion war die Freilassung von über 230 palästinensischen Gefangenen in Israel sowie der inhaftierten RAF-Terroristen Andreas Baader und Ulrike Meinhof. Bei der chaotisch durchgeführten Befreiungsaktion auf dem Flughafen Fürstenfeldbruck kamen alle Geiseln, fünf Terroristen und ein Polizeibeamter ums Leben. In einem Essay nimmt Ulrike Meinhof (1934–1976), Mitbegründerin der Roten Armee Fraktion (RAF), im November 1972 Stellung zum Olympia-Attentat:

Die Aktion des Schwarzen September war antifaschistisch. [...] Brandt, Genscher, Merk* [...] und wie die Charaktermasken des Imperialismus alle heißen, haben [...] nur und ausschließlich darüber nachgedacht, wie sie die Revolutionäre am besten – mit Gas oder Sturmtruppen oder Präzisionsschützen oder wie nun – massakern könnten. [...] Sie hatten nur ein Ziel, nur ja dem Moshe-Dayan**-Faschismus – diesem Himmler Israels – in nichts nachzustehen. [...] Israel vergießt Krokodilstränen. Es hat seine Sportler verheizt wie die Nazis die Juden – Brennmaterial für eine imperialistische Ausrottungspolitik. [...] Wer hat das Massaker in Fürstenfeldbruck gewollt? [...] Idiotisch zu glauben, die Revolutionäre hätten es gewollt. Sie wollten die Freilassung der Gefangenen. [...] Sie haben Geiseln genommen von einem Volk, das ihnen gegenüber Ausrottungspolitik betreibt. [...] Sie wollten nicht töten. [...] Die Aktion des Schwarzen September in München wird aus dem Gedächtnis des antiimperialistischen Kampfs nicht mehr zu verdrängen sein.

Aus: Rote Armee Fraktion. Texte und Materialien zur Geschichte der RAF. Berlin 1997, S. 167, 172 f., 176 f.

* Bundeskanzler, Bundesinnenminister, bayerischer Innenminister
** israelischer Verteidigungsminister

M3 BDS: Die antisemitische Internationale

„Boykott, Desinvestitionen und Sanktionen" (BDS) ist eine transnationale Kampagne, die den Staat Israel wirtschaftlich, kulturell und politisch isolieren will. Im Mai 2019 beschloss der Deutsche Bundestag, der BDS-Bewegung keine staatlichen Gelder mehr zu bewilligen, weil ihre „Argumentationsmuster und Methoden antisemitisch" seien.

Aus dem Aufruf der palästinensischen Zivilgesellschaft zu BDS (2005): Angesichts Israels anhaltender Verstöße gegen internationales Recht und [...] inspiriert vom Kampf der Südafrikaner gegen die Apartheid und im Sinne der internationalen Solidarität, moralischen Standfestigkeit und des Widerstands gegen Ungerechtigkeit und Unterdrückung, rufen wir, Repräsentantinnen der palästinensischen Zivilgesellschaft, internationale Organisationen und alle rechtschaffenden Menschen auf der ganzen Welt dazu auf, weitgehend Boykotts und Investitionsentzug gegen Israel durchzusetzen, ähnlich der Maßnahmen gegen Südafrika während der Apartheid. Wir appellieren an Sie, Druck auf ihren jeweiligen Staat auszuüben, um Embargos und Sanktionen gegen Israel zu erreichen.

file:///Users/internet/Downloads/050709_Internationaler-Aufruf-der-palästinensischen-Zivilgesellschaft-zu-BDS.pdf (Zugriff: 15.9.2021)

Aus den BDS-Leitlinien (2014): Die Palästinensische Kampagne für akademischen und kulturellen Boykott ruft Wissenschaftler*innen, Intellektuelle, Lehrpersonal und Studierende auf, von jeglicher Zusammenarbeit mit israelischen Forschungsinstituten, Universitäten, Bildungseinrichtungen etc. abzusehen.

http://bds-kampagne.de/boykott/akademischer-boykott/ (Zugriff: 15.9.2021)

Kultureller Boykott (2014): Die Palästinensische Kampagne für akademischen und kulturellen Boykott fordert Kulturschaffende und Kultureinrichtungen weltweit auf, nicht mit kulturellen Institutionen aus Israel zusammenzuarbeiten und Einladungen zur Teilnahme an Veranstaltungen in Israel abzulehnen. Israelische Kultureinrichtungen sind Teil des ideologischen und institutionellen Rahmens, der Palästinenser*innen fundamentale Rechte abspricht. Seit einigen Jahren setzt Israel Kulturschaffende und kulturelle Produktionen gezielt ein, um von seiner aggressiven Politik gegenüber den Palästinenser*innen abzulenken und die Illusion eines toleranten Landes zu vermitteln.

http://bds-kampagne.de/boykott/akademischer-und-kultureller-boykott/ (Zugriff: 15.9.2021)

M4 Israelkritik und Antisemitismus

Wann ist Israelkritik antisemitisch? Dazu hat die Europäische Union im Jahr 2004 durch das „European Monitoring Centre on Racism and Xenophobia" (Europäische Stelle zur Beobachtung von Rassismus und Fremdenfeindlichkeit) fünf Kriterien formuliert. Sie gelten innerhalb der Antisemitismusforschung als charakteristische Kernelemente:

- Das Abstreiten des Rechts des jüdischen Volkes auf Selbstbestimmung, z. B. durch die Behauptung, die Existenz des Staates Israel sei ein rassistisches Unterfangen.
- Die Anwendung doppelter Standards, indem man von Israel ein Verhalten fordert, das von keinem anderen demokratischen Staat erwartet und verlangt wird.
- Das Verwenden von Symbolen und Bildern, die mit traditionellem Antisemitismus in Verbindung stehen (z. B. der Vorwurf des Christusmords oder die Ritualmordlegende)
- Vergleiche der aktuellen israelischen Politik mit der Politik der Nationalsozialisten.
- Das Bestreben, alle Juden kollektiv für Handlungen des Staates Israel verantwortlich zu machen.

Aus: Salzborn, Samuel. Globaler Antisemitismus. Eine Spurensuche in den Abgründen der Moderne. Bonn 2019, S. 146

1. Untersuche M1 auf die Frage, inwieweit Karl Marx judenfeindliche Positionen vertritt.
2. Analysiere den israelbezogenen Antisemitismus der RAF in den 1970er Jahren (M2).
3. Setzt euch mit den israelfeindlichen Einstellungen der internationalen BDS-Bewegung auseinander (M3).
4. Diskutiert in der Lerngruppe über die Stichhaltigkeit des von der EU formulierten Kriterienkatalogs (M4) zur Unterscheidung von legitimer Israelkritik und Antisemitismus.
5. Diskutiert, ob die Karikatur (M2) nach den EU-Richtlinien als antisemitisch einzustufen ist.

M1 Judenfeindschaft als Erbe des frühen Islam

Kaum ein Tag vergeht, ohne dass die Medien über antisemitische Vorfälle berichten, die von Muslimen ausgehen. Da werden jüdische Schüler gemobbt, Kippa tragende Männer auf der Straße attackiert, Rabbiner bespuckt und beleidigt, koschere Läden und Restaurants demoliert. Islam-Rapper schaffen es in die Charts und werden skandalträchtig ausgezeichnet. Bei Demonstrationen gegen Israel wird „Juden ins Gas" skandiert. In der jüdischen Gemeinschaft wächst die Angst. Immer häufiger ist von den „gepackten Koffern" die Rede ...

In Frankreich haben antisemitische Terrorakte schon zu einer Auswanderungswelle geführt. Seit 2013 verließen mehr als 30000 französische Juden ihr Land, die meisten gingen nach Israel.

Neben kruden Verschwörungstheorien und dem ungelösten Konflikt zwischen Israelis und Palästinensern befeuern auch religiöse Überzeugungen den muslimischen Judenhass. Grundgelegt sind sie in den Heiligen Schriften, im Koran und in den Hadithen, den verbindlichen Worten und Taten des Propheten Muhammad. Neben durchaus wertschätzenden Texten finden sich schlimme antijudaistische Passagen. Sie sind es, mit denen die Fundamentalisten ihre Verbrechen legitimieren. Nur wenige Muslime analysieren die Offenbarung Allahs mit Hilfe der historisch-kritischen Exegese. Sie erklärt die judenfeindlichen Verse aus dem Kontext der frühislamischen Geschichte. In Jathrib (später Medina) hatte der aus Mekka ausgewanderte Muhammad seine erste Gemeinde (umma) begründet. Im „Vertrag von Medina" garantierte er allen Bewohnern eigene Rechte. Zu den Nichtmuslimen gehörten auch die drei jüdischen Stammesgruppen. Als Monotheisten und „Schriftbesitzer" (Tora) hatten sie einen geachteten Status. Die Hoffnung Muhammads auf Übertritt der Juden zum Islam erfüllte sich indes nicht. Hinzu kamen Zweifel an ihrer Loyalität in der kriegerischen Auseinandersetzung mit den Mekkanern. Zwei jüdische Stämme wurden ausgewiesen, der Sippenverband der Banu Quraiza im Jahr 627 ausgelöscht. Der Prophet ließ 600 Männer auf dem zentralen Platz Medinas hinrichten; Frauen und Kinder verkaufte er in die Sklaverei. Als Zeichen der Distanzierung vom Judentum änderte Muhammad die Gebetsrichtung (qibla). Seither wenden sich die Gläubigen nach Mekka und nicht mehr nach Jerusalem.

In der Geschichte lebten die Juden unter islamischer Herrschaft (z. B. unter den Omaijaden in Spanien oder im Osmanischen Reich) oft besser als unter einem christlichen Regiment. Dennoch blieb der islamische Antijudaismus eine Konstante. Der moderne Islamismus instrumentalisiert ihn auf brutale Weise für seine politischen Ziele.

Autorentext

M2 Judenfeindliche Passagen im Koran

Gott hat doch (seinerzeit) die Verpflichtung der Kinder Israels entgegengenommen. [...] Und Gott sagte: „Ich bin mit euch. Wenn ihr das Gebet verrichtet, die Almosensteuer gebt, an meine Gesandten glaubt und ihnen helft und Gott ein gutes Darlehen gebt (indem ihr gute Werke tut), werde ich euch eure schlechten Taten tilgen und euch in Gärten eingehen lassen, in deren Niederungen Bäche fließen. Wer aber von euch, nachdem dies (d. h. diese Verpflichtung) ergangen ist, (wieder) ungläubig wird, der ist (damit endgültig) vom rechten Weg abgeirrt." Und weil sie ihre Verpflichtung brachen, haben wir sie verflucht. Und wir machten ihre Herzen verhärtet, so dass sie die Worte (der Schrift) entstellten (indem sie sie) von der Stelle weg(nahmen) an die sie hingehören. Und sie vergaßen einen Teil von dem (oder woran) sie erinnert worden waren. Und du bekommst von ihnen (d. h. den Juden) immer (wieder) Falschheit zu sehen – mit Ausnahme von (einigen) wenigen von ihnen (die aufrichtig und zuverlässig sind). *(Koran 5:12–13)*

Du siehst, dass viele von ihnen (d. h. von den Kindern Israels, bzw. von deren Nachkommen) sich denen anschließen, die ungläubig sind. In schlimmer Weise haben sie sich selber (für das Jenseits) damit vorbelastet, dass Gott gegen sie aufgebracht ist. Und sie werden (ewig) in der Strafe (der Hölle) weilen. Und wenn sie an Gott und den Propheten und das, was (als Offenbarung) zu ihm herabgesandt worden ist, glauben würden, würden sie sie (d. h. die Ungläubigen) nicht zu Freunden nehmen. Aber viele von ihnen sind Frevler.

Du wirst sicher finden, dass diejenigen Menschen, die sich den Gläubigen gegenüber am meisten feindlich zeigen, die Juden und die Heiden sind. *(Koran 5:80–82)*

Der Koran. Übersetzung von Rudi Paret. Kohlhammer. 12. Aufl. Stuttgart 2014, S. 80, 88

M3 Der aktuelle islamische Antisemitismus – eine explosive Mixtur

*Der deutsche Antisemitismusforscher Samuel Salzborn (*1977) analysiert den aktuellen islamischen Antisemitismus (2019):*

Auf empirisch-vergleichender Ebene ist festzustellen, dass es einen rasanten Bedeutungszuwachs von antisemitischen Agitationen und Aktionen in Europa in den letzten Jahren gibt, die islamische Hintergründe haben und von muslimischen Trägergruppen ausgeübt werden. Der islamische Antisemitismus ist geprägt von dezentral organisierten und operierenden Gruppierungen, einer primär über das Internet erfolgenden Vernetzung und dabei vor allen Dingen ein Phänomen junger Männer. Günther Jikeli hat in einer empirischen Studie über Antisemitismus bei Flüchtlingen aus Syrien und dem Irak in Deutschland im Jahr 2017* gezeigt, dass sich dabei drei Weltbildfacetten überlagern, die maßgeblich den islamischen Antisemitismus prägen: ein von Verschwörungsglauben geprägtes Welt- und Geschichtsbild, das verknüpft ist mit einem gegen Israel gerichteten Antisemitismus einschließlich einer emotionalen Überidentifizierung mit den Palästinensern und mit einer antijüdischen Haltung, die aus der Islam-Rezeption herrührt. Letztere wird dominiert von Behauptungen, nach denen Juden die Heiligen Schriften verfälscht und den Propheten hätten töten wollen, sowie der Behauptung, Muslime und Juden seien generell Feinde. [...] Der islamistische Terrorismus rückt die antisemitische Vernichtung in sein Zentrum und bezieht sich dabei immer wieder auf Juden und Israel als Feindobjekte [...] Dass der Islamismus eine religiöse Dimension hat, ist offensichtlich, weil das zentrale Referenzsystem der Islamisten mit dem Islam eine Religion ist.

Salzborn, Samuel: Globaler Antisemitismus. Eine Spurensuche in den Abgründen der Moderne. Bonn 2019, S. 115–116, 118–119

* Jikeli, Günther: Einstellungen von Geflüchteten aus Syrien und dem Irak zu Integration, Identität, Juden und Shoah. Forschungsbericht Dezember 2017, hg. vom American Jewish Committee Berlin Office

** hadit(h)e sind Überlieferungen der Aussprüche und Handlungen des Propheten Muhammad

M4 Antisemitismus und Islamophobie überwinden

Der israelische Historiker Yehuda Bauer (geboren 1926 in Prag) bilanziert:

Zusammenfassend kann man feststellen, dass der radikale Islamismus klarerweise eine aktuelle Gefahr für das ist, was man mit zivilisierter Welt meint, ob sie konservativ, liberal oder sozialdemokratisch verstanden wird. Andererseits ist der Islamismus nicht mit dem Islam als solchen zu verwechseln; er ist eine Minderheit unter den 1,8 Milliarden von Muslimen der Welt, obwohl man ihn nicht quantitativ erfassen kann, denn er ist diffus und viele Muslime akzeptieren islamistische Ideen teilweise, aber lehnen andere Teile ab. Wie Nationalsozialismus und Bolschewismus strebt er die Weltherrschaft, die nur mit Gewalt zu erobern ist, an. [...] Die Juden sind die Urfeinde, und der Kampf gegen sie basiert auf der realen Geschichte des Sieges des Propheten in den bitteren Kämpfen des 7. Jahrhunderts, und dem daraus erstandenen radikalen Selbstverständnis. Der israelisch-palästinensische Konflikt ist durchaus real und wichtig, aber das Ziel ist nicht nur Israel zu vernichten, also eine genozidale Einstellung, sondern alle Juden der Welt zu eliminieren. Radikaler Islamismus [...] kann aber nicht effektiv von Nicht-Muslimen bekämpft werden. Die muslimische nicht-radikale oder anti-radikale Mehrheit ist die, die ihn niederringen kann, auch weil die überwiegende Mehrheit der Opfer dieses Radikalismus Muslime sind. Der Weg zu einer solchen Lösung kann nur durch Gleichberechtigung der Muslime als Einzelne und als Gesellschaft und einen resoluten Kampf gegen Islamophobie erreicht werden. Nur eine Allianz zwischen muslimischen und nicht-muslimischen Demokraten könnte dieses Ziel erreichen.

Bauer, Yehuda: Der islamische Antisemitismus. Eine aktuelle Bedrohung. Berlin 2018, S. 75–77

1. Fasse die antijüdischen Aussagen in den heiligen Schriften des Islam (M2) zusammen und ordne sie in den Kontext ihrer Entstehungsgeschichte (M1) ein.
2. Erkläre die stetige Zunahme eines islamistisch geprägten Antisemitismus in Europa (M3).
3. Diskutiert in der Lerngruppe vor dem Hintergrund von M3 die Behauptung, es gebe im Islam keinen Antisemitismus, sondern leidglich einen Antizionismus.
4. Erläutere die Ergebnisse von Yehuda Bauers Analyse des aktuellen globalen Islamismus (M4) in Bezug auf seine Einstellung zu Israel und zum jüdischen Volk.
5. Nimm Stellung zu Bauers Schlussfolgerung, nur die „muslimische nicht-radikale [...] Mehrheit" könne in einer „Allianz zwischen muslimischen und nicht-muslimischen Demokraten" den militanten Islamismus überwinden.

M1 Narrativ der klassischen Antisemiten

Der deutsche Publizist Wilhelm Marr (1819–1904) prägte den Begriff des „Antisemitismus". In seinem Buch „Goldene Ratten und rote Mäuse" (1880) schreibt er:

Von zwei Seiten wird also die Zerstörung der Gesellschaft betrieben: von Seiten der goldenen und roten Internationale. Dort vom Standpunkt des krassesten Individualismus aus, hier vom mehr oder weniger bewussten kommunistischen Standpunkt. Das Judentum hat die Führerschaft der goldenen Internationale übernommen [...], die „liberale" Gesetzgebung hat uns dem Kapitalismus gegenüber nahezu wehrlos gemacht. [...] Ein Volk von geborenen Kaufleuten unter uns, die Juden, hat eine Aristokratie, die des Geldes, geschaffen, welche alles zermalmt von Oben her, aber zugleich auch eine kaufmännische Pöbelherrschaft, welche durch Schacher und Wucher von Unten herauf die Gesellschaft zerfrisst und zersetzt.

Aus: Brumlik, Micha: Antisemitismus. 100 Seiten. Ditzingen 2020, S. 51

M2 „Protokolle der Weisen von Zion"

Seit über hundert Jahren berufen sich Antisemiten auf die die sogenannten „Protokolle der Weisen von Zion", wenn sie die angebliche jüdisch-freimaurerische Weltverschwörung beweisen wollen. In dem fiktiven Text, der vermutlich um 1900 in Russland entstand (vielleicht in Kreisen der zaristischen Geheimpolizei Ochrana?), „enthüllt" ein jüdischer Redner Strategie und Taktik des globalen Komplotts gegen die nichtjüdische Welt.

Tatsächlich gibt es für uns keine Hindernisse. Wir üben unsere Oberherrschaft in jener ganz außergesetzlichen Form aus, die man mit dem Wort Gewaltherrschaft zu bezeichnen pflegt. Ich kann es mit voller Überzeugung sagen, dass wir zur Zeit die Gesetzgeber sind; wir sprechen Recht und üben die vollziehende Gewalt aus, wir strafen und begnadigen, wir sitzen als Führer aller unserer Heere hoch zu Ross. Uns leitet ein fester Wille, da wir die Erbschaft einer einst mächtigen Partei angetreten haben, die jetzt von uns abhängt. Wir verfügen über einen unbändigen Ehrgeiz, brennende Habgier, schonungslose Rachsucht und unerbittlichen Hass.

Von uns geht das Schreckgespenst, der umfassende Terror aus. In unserem Dienst stehen Leute aller Anschauungen und Richtungen: Männer, welche eine königliche Regierung wieder einführen wollen, Volksverführer, Sozialisten, Kommunisten und allerlei Wolkenkuckucksheimer (Utopisten). Wir haben sie alle für uns in das Joch gespannt. Jeder von ihnen untergräbt an seiner Stelle die letzten Stützen der Staatsgewalt und sucht die bestehende Rechtsordnung umzustoßen. Durch solche Maßnahmen werden alle Regierungen gepeinigt. Jeder sehnt sich nach Ruhe und ist bereit, um des lieben Friedens willen alles zu opfern. Wir aber lassen sie nicht zur Ruhe kommen, bis sie unsere Weltoberherrschaft offen und bedingungslos anerkannt haben. Das Volk stöhnt und verlangt nach einer Lösung der gesellschaftlichen Frage im Wege einer allgemeinen zwischenstaatlichen Verständigung. Da aber alle Völker in Parteien zerspalten sind und der Parteikampf große Mittel erfordert, so hängen alle Parteien und Völker von uns ab, denn das Geld haben wir allein.

Um die Einrichtungen der Nichtjuden nicht vorzeitig zu zerstören, gingen wir mit größter Umsicht zu Werke und ergriffen zunächst nur die Enden der Triebfedern, durch die alles in Gang gehalten wird. [...] Auf diese Weise untergruben wir die Rechtsprechung, die Wahlordnung, die Presse, die Freiheit der Person und vor allem die Erziehung und Bildung jedes Volkes als Eckpfeiler jeder wirklichen Freiheit. Wir haben die nichtjüdische Jugend verdummt, verführt und verdorben. Dieses Ziel wurde von uns dadurch erreicht, dass wir ihre Erziehung auf falschen Grundsätzen und Lehren aufbauten, deren Lügenhaftigkeit uns sehr wohl bekannt war, die wir aber anwenden ließen. [...]

Sie könnten einwenden, dass die Nichtjuden mit der Waffe in der Hand über uns herfallen werden, sobald sie vor der Zeit entdecken, wie alles zusammenhängt. Für diesen Fall haben wir ein letztes furchtbares Mittel in der Hand, vor dem selbst die tapfersten Herzen erzittern sollen. Bald werden alle Hauptstädte der Welt von Untergrundbahnen durchzogen sein. Von ihren Stollen aus werden wir im Falle der Gefahr für uns die ganzen Hauptstädte mit allen Einrichtungen und Urkunden in die Luft sprengen.

Aus: Berding, Helmut: Moderner Antisemitismus in Deutschland. Tempora. Quellen zur Geschichte und Politik. Stuttgart 1988, S. 44–47

M3 „Péril juif“ (Die jüdische Gefahr)

Cover einer französischen Ausgabe der „Protokolle der Weisen von Zion“:

M4 „Der Herr der Welt“

Karikatur aus dem antisemitischen NS-Wochenblatt:

„Der ‚Herr der Welt‘: Mögen sie's nennen, wie sie wollen, ob Tommy, Yankee, Bolschewist, wofür sie alle kämpfen sollen, ein Talmudtraum Alljudas ist.“

„Der Stürmer“ Nr. 32/1943. Aus: Berding, Helmut: Moderner Antisemitismus in Deutschland. Tempora. Quellen zur Geschichte und Politik. Ernst Klett Verlag. Stuttgart 1988, S. 56

M5 Verschwörungstheorie und Nahostkonflikt

Aus der Charta der islamistischen Palästinenserorganisation HAMAS (1988):

Lange Zeit, voller List und Sorgfalt, schmiedeten die Feinde (gemeint sind die Juden) Pläne zur Erfüllung ihrer Ziele. [...] Die Feinde häuften einen riesigen [...] Wohlstand an [...] Dieser Reichtum erlaubte es ihnen, die Kontrolle über die Weltmedien wie zum Beispiel Nachrichtenagenturen, Zeitungen, Verlagshäuser, TV-Sender und weitere Dinge dieser Art zu übernehmen. Sie nutzten diesen Reichtum auch aus, um Revolutionen in verschiedenen Teilen der Welt anzufachen [...] Sie standen hinter der Französischen Revolution und hinter den kommunistischen Revolutionen und den meisten Revolutionen, von denen man auf der Welt hört. Mit ihrem Geld gründeten sie in vielen [...] Teilen der Welt Geheimgesellschaften wie die der Freimaurer, die Rotary- und Lion-Clubs und andere, um in den jeweiligen Gesellschaften dieser Länder Schaden anzurichten und ihre zionistischen Interessen zu verwirklichen. Sie benutzten das Geld ebenso dazu, die Macht über die imperialistischen Länder zu gewinnen und sie dazu zu bringen, viele Länder zu kolonisieren, um die Reichtümer dieser Länder auszubeuten sowie Korruption zu verbreiten. [...]

Fest steht, dass die Feinde hinter dem Ersten Weltkrieg standen, um so das islamische Kalifat auszulöschen [...] Sie setzten die Balfour-Erklärung durch und etablierten den Völkerbund, um mit den Mitteln dieser Organisation über die Welt zu herrschen. Sie standen ebenfalls hinter dem Zweiten Weltkrieg, in dem sie gewaltige Vorteile aus dem Handel mit Kriegsausrüstungen zogen und die Gründung des Staates Israel vorbereiteten [...] Es gibt keinen Krieg, an welchem Ort auch immer, der nicht ihre Fingerabdrücke trägt. [...] Ihr Komplott wurde in den „Protokollen der Weisen von Zion“ niedergelegt: Ihr derzeitiges Verhalten ist der beste Beweis für unsere Behauptungen. (aus Artikel 22 und 32)

Aus: Lozowick, Yaacov: Israels Existenzkampf. Eine moralische Verteidigung seiner Kriege. Bonn 2006, S. 210–212

M6 „Jüdische Verschwörung“ in Zeiten der Pandemie

Matthias Becker, Postdoc Fellow am Zentrum für Antisemitismusforschung der TU Berlin, zu judenfeindlichen Verschwörungstheorien im Internet:

Es ließen sich in den vergangenen Jahren diverse Vorfälle physischer Gewalt in der analogen Welt ausmachen, die im Internet sprachlich vorgeebnet wurden. [...] Auch im Kontext des Anschlags auf die Synagoge in Halle an der Saale im Oktober 2019 war der Täter Stephan B. zuvor im Web aktiv, leugnete auf Amazons Streamingplattform Twitch die Shoah und unterstellte, dass „der Jude“ hinter Masseneinwanderungen stecken würde. [...] Diese Korrelationen führen vor Augen, was in der geschichtswissenschaftlichen Antisemitismusforschung mehrfach unterstrichen wurde: Über Jahrhunderte eingeübte und gepflegte antisemitische Stereotype, die „die Juden“ als die Repäsentant*innen des Bösen, des „minderwertigen“ Lebens und zugleich als Zentrum gefährlicher Macht inszenieren, sind Teil des kulturellen Gedächtnisses. [...] Dies gilt auch mit Blick auf die Covid-19-Pandemie, die zu einer rapiden Zunahme von Verschwörungsmythen führt. Ein altbekannter antisemitischer Topos [...] ist die Vorstellung von einer jüdischen Elite, die sich auch diese Krise zunutze mache – sei es durch die Monopolisierung des Marktes, die bis ins Extreme gesteigerte Präsenz eines Überwachungsstaates oder eine durch Medien und Politik geschürte omnipräsente Angst. [...] Und da Jüdinnen und Juden ein Gewinn an der Krise unterstellt wird, haben sie das Virus vielleicht sogar selbst erfunden? Wie kam es, dass israelische Forschungszentren bereits frühzeitig an einem Impfstoff arbeiten konnten? Welche Verbindungen mögen vorliegen zwischen dem Investor George Soros, der aus einer jüdischen Familie stammt, und dem Forschungslabor in Wuhan. [...] Im Kontext der Pandemie haben antisemitische Hassrede und Fake-News auch auf Social-Media-Plattformen des Mainstream Konjunktur. Auch finden sich zahlreiche Formen der Dämonisierung und Dehumanisierung, indem jüdische Menschen als primäre Überträger*innen („Jew flu“) oder gar als die Krankheit selbst dargestellt werden.

Becker, Matthias J.: Antisemitismus im Internet. In: Antisemitismus. Aus Politik und Zeitgeschichte. 70. Jahrgang, Nr. 26–27/2020, 22.6.2020, S. 50–51

1. Erkläre das in M1 genannte antisemitische Schlagwort von der „Goldenen Internationale“.
2. Skizziere das Szenario einer „jüdischen Weltherrschaft“ in den „Protokollen der Weisen von Zion“ (M2).
3. Interpretiere die Darstellungen M3 und M4 vor dem Hintergrund der Verschwörungstheorie der „Weisen von Zion“.
4. Untersuche am Beispiel von M5, warum der Mythos der Zions-Protokolle auch in der Gegenwart für Islamisten eine Rolle spielt.
5. Erläutere mit Bezug auf M6 die Attraktivität von Verschwörungstheorien – auch und gerade in Zeiten der Corona-Pandemie. Diskutiert in der Lerngruppe, wie man ihnen entgegentreten kann.

M1 Ansprache des Präsidenten des Zentralrats der Juden in Deutschland, Dr. Josef Schuster, zur Eröffnung der Carlebach-Synagoge Lübeck am 12. August 2021

Erst vor wenigen Monaten konnten wir aus Anlass des Gaza-Konflikts wieder auf deutschen Straßen beobachten, wie schnell sich Menschen versammeln und judenfeindliche Parolen rufen oder israelische Fahnen vor Synagoge verbrennen. Das ist keine legitime Kritik am Nahostkonflikt, das ist nichts anderes als Antisemitismus. In diesem Fall war es in der Hauptsache muslimischer bzw. arabischer Antisemitismus.

Doch Israel-bezogener Antisemitismus findet sich auch in der Mitte unserer Gesellschaft. Seit einigen Monaten begleitet uns in den Feuilletons und vor allem unter Kulturschaffenden eine intensive Debatte über die Israel-Boykott-Bewegung BDS. Ich möchte dieser in Deutschland recht kleinen Bewegung nicht mehr Aufmerksamkeit zuteil werden lassen, als ihr gebührt. Doch kurz will ich auf die Debatte eingehen: Der Bundestag hat im Mai 2020 nach ausführlicher Diskussion einen Beschluss gefasst. [...] Darin verurteilt der Bundestag die Boykottbewegung und nennt ihre Methoden und Argumentationsmuster antisemitisch. [...] Dennoch nahmen [...] Vertreter von großen Kultureinrichtungen den Beschluss zum Anlass, um eine Einschränkung der Meinungsfreiheit zu beklagen. Ich möchte hier klipp und klar sagen: Antisemitismus ist keine Meinung!

Und wenn sich Künstler, Wissenschaftler oder andere Intellektuelle der BDS-Bewegung anschließen oder dafür plädieren, dass Israelis irgendwo ausgeladen werden, nur weil sie jüdische Israelis sind – dann müssen sie es auch ertragen, dass ihre Haltung als das benannt wird, was sie ist: antisemitisch.

Für noch gefährlicher halte ich in Deutschland allerdings den Antisemitismus, der von Rechtsextremisten verbreitet wird. Was passiert, wenn sie ihre Worte in Taten umsetzen, konnten wir im Oktober 2019 in Halle erleben. Die Menschen, die sich an Jom Kippur in der Synagoge versammelt hatten, wurden nur durch eine starke Eingangstür gerettet. Dennoch verloren zwei Menschen bei dem Attentat ihr Leben. [...]

Es war ein sehr wichtiger Schritt, dass die Bundesregierung 2020 den Kabinettsausschuss Rechtsextremismus und Rassismus eingerichtet hat. Der Ausschuss hat eine Fülle von Maßnahmen vorgelegt. [...] Vor allem zivilgesellschaftliche Organisationen, die sozusagen die Graswurzelarbeit gegen Rechtsextremismus leisten, brauchen eine verlässliche Unterstützung. Daher halte ich ein Demokratieförderungsgesetz für sinnvoll und hoffe, dass die künftige Regierungskoalition in Berlin das in Angriff nehmen wird. [...]

Antisemitismus zu bekämpfen [...] gleicht einem Marathonlauf. Es braucht einen langen Atem. Den Zentralrat der Juden begleitet dieser Kampf seit seinem Bestehen, also seit über 70 Jahren. In jüngster Zeit haben wir vor allem die jüngeren Menschen in den Blick genommen, mit dem Ziel, antisemitische Vorurteile gar nicht erst entstehen zu lassen.

Ein zentraler Bereich sind die Schulen. Das Judentum kommt als Thema in der Schule überproportional viel im Zusammenhang mit der Schoa vor. In vielen Schulbüchern werden Juden ausschließlich als Opfer präsentiert. Die reiche jüdische Tradition, die Religion an sich, wichtige jüdische Denker und Rabbiner, der Beitrag des Judentums zur deutschen Kultur – das kommt hingegen meistens zu kurz.

Antisemitismus findet sich auch in den Schulen selbst. In den zurückliegenden Jahren sind mehrere Fälle von antisemitischen Übergriffen auf Schüler bekannt geworden. Und Sie können sich vorstellen: Was bekannt wird, ist nur ein Bruchteil. Es gibt kaum jüdische Schüler auf staatlichen Schulen, die noch nicht Antisemitismus am eigenen Leib erfahren haben. Übrigens nicht nur durch Mitschüler, sondern manchmal auch durch Lehrer. [...] Daher hat der Zentralrat der Juden das Projekt „Meet a Jew" gestartet. Dabei besuchen jüdische Jugendliche und junge Erwachsene Schulklassen, Vereine oder Verbände, um dort von ihrem jüdischen Alltag zu berichten. Wir machen mit diesen Begegnungen durchweg gute Erfahrungen.

https://www.zentralratderjuden.de/aktuelle-meldung/artikel/news/eroeffnung-der-carlebach-synagoge/ (Zugriff: 15.9.2021)

1. Fasse Schusters Zustandsbeschreibung zusammen.
2. Nimm Stellung zu seinen Ausführungen hinsichtlich der Situation an den Schulen.
3. Überlegt und diskutiert, wie Antisemitismus unter Jugendlichen wirksam bekämpft werden sollte.

Benz, Wolfgang: Die Protokolle der Weisen von Zion. Die Legende von der jüdischen Weltverschwörung. München 2007

Benz, Wolfgang: Antisemitismus. Präsenz und Tradition eines Ressentiments. Frankfurt/M. 3. Aufl. 2020

Bergmann, Werner: Geschichte des Antisemitismus. München 2002

Bergmann, Werner/Wyrwa, Ulrich: Antisemitismus in Zentraleuropa. Darmstadt 2011

Borchardt, Wolfgang/Möldner, Reinhardt: Jüdisches Leben in christlicher Umwelt. Ein historischer Längsschnitt. Frankfurt/M. 1991

Brumlik, Micha: Antisemitismus. Stuttgart 2020

Heilbronn, Christian/Rabinovivi, Doron/Sznaider, Natan (Hg.): Neuer Antisemitismus? Fortsetzung einer globalen Debatte. Bonn 2019

Herzig, Arno: Jüdische Geschichte in Deutschland. Von den Anfängen bis zur Gegenwart. München 2002

Jaspers, Karl: Die nichtchristlichen Religionen und das Abendland [1954], in: ders.: Philosophie und Welt. Reden und Aufsätze. München 2. Aufl. 1963, S. 162

Karbach, Walter: Werner von Oberwesel: Ritualmordlüge und Märtyrerkult. Über den „Guten Werner", bestattet 1287 zu Bacharach. Trier 2020

Kaufmann, Thomas: Luthers Juden. Stuttgart 2014

Mendel, Meron/Messerschmidt, Astrid (Hg.): Fragiler Konsens. Antisemitismuskritische Bildung in der Migrationsgesellschaft. Bonn 2019

Reinke, Andreas: Geschichte der Juden in Deutschland 1781–1933. Darmstadt 2007

Salzborn, Samuel: Globaler Antisemitismus. Eine Spurensuche in den Abgründen der Moderne. Bonn 2019

Schäfer, Peter: Kurze Geschichte des Antisemitismus. München 2020

Schwarz-Friesel, Monika: Judenhass im Internet. Antisemitismus als kulturelle Konstante und kollektives Gefühl. Bonn 2020

Toch, Michael: Die Juden im mittelalterlichen Reich. Enzyklopädie deutscher Geschichte. Band 44. München 2013

Trepp, Gunda: Gebrauchsanweisung gegen Antisemitismus. Darmstadt 2022

Wolffsohn, Michael/Puschner, Uwe: Geschichte der Juden in Deutschland. München 1992

Internetquellen

www.bpb.de/politik/extremismus/antisemitismus

www.juedischegeschichte.de

www.kmk-zentralratderjuden.de

www.amadeu-antonio-stiftung.de/antisemitismus/

www.hagalil.com